Bewegte Zeiten
Frankfurt in den 1960er Jahren

Markus Häfner

Umschlag Titel:
Ostermarschaktivist*innen fordern „Fünf Minuten Verkehrsruhe für Vietnam", 13. April 1968
Beteiligte am Ostermarsch 1968 blockierten zwischen 12 und 12:05 Uhr wie hier am Opernplatz vielerorts in Frankfurt den Verkehr. Mit der Aktion wollten sie gegen den US-Krieg in Vietnam und die Springer-Presse protestieren. Zwei Tage nach dem Attentat auf Rudi Dutschke herrschte in Frankfurt eine aufgeheizte Stimmung.[1] Verkehr, Proteste und Forderungen nach Mitbestimmung waren drei Faktoren dieser „bewegten Zeiten".

Umschlag Rückseite:
Römer-Rathaus, um 1960

Inhalt

Grußwort von Dr. Evelyn Brockhoff — 4

Einführung — 7

DIE AUSSTELLUNG

Politische Stabilität: SPD lenkt das weltoffene Frankfurt — 19
Langsamer gesellschaftlicher Wandel: Familie, Emanzipation und Sexualität — 27
Neuerungen im Alltag: Konsum und Wohnen — 31
Frankfurt baut: Neue Akzente im Stadtbild — 35
Debatten um die Altstadt: Planungen für die „Gute Stube" — 43
Der Verkehr stockt: Eine „Stadtbahn" als Lösung — 49
Wohnsiedlung auf der grünen Wiese: Die Nordweststadt — 59
Moderne Inszenierungen: Politisches Theater, kritisches Publikum — 67
Siegeszug des Fernsehens: Couch statt Kinosessel — 73
Frankfurts Musikszene: Jazz, Beat und Schlager — 77
Gefeiert wie ein Popstar: Kennedy besucht Frankfurt — 83
Täter vor Gericht: Die Auschwitz-Prozesse — 87
Demokratische Beteiligung: Kundgebungen und APO — 95
Proteste für den Frieden: Vietnamkrieg und Ostermärsche — 101
Höhepunkt der Proteste: Die Notstandsgesetze — 107
Eskalation der Proteste: Gewalt und Blockaden — 111
Unistreik und Scheitern: Ende der Studentenbewegung — 121
Proteste am Flughafen: Mehr Starts bei weniger Lärm — 131
Boom und Pleiten: Wirtschaft und Messen — 135
Arbeitsmigration mit offenem Ausgang: „Gast"-Arbeiter*innen — 139
Weltrekordler und Jahrhundertspiel: Sportliches Frankfurt — 145

ANHANG

Anmerkungen — 150
Chronik: Ereignisse in Frankfurt am Main 1960 bis 1969 — 155
Quellen- und Literaturverzeichnis — 184
Bildnachweis — 189
Impressum — 191

GRUSSWORT

Die 1960er Jahre waren weltpolitisch ein „bewegtes" Jahrzehnt. Nach dem Bau der Berliner Mauer 1961 reihten sich Jahr um Jahr Ereignisse aneinander, die die Welt veränderten: Der Kubakrise 1962 und der Kennedy-Ermordung 1963 folgten 1964 der Einmarsch der USA in Vietnam und 1966 die „Kulturrevolution" in China, gefolgt vom Sechstagekrieg 1967 und der Niederschlagung des Prager Frühlings 1968. Dazwischen bekannte John F. Kennedy „Ich bin ein Berliner" und Martin Luther King hatte einen Traum. Zugleich eroberte der Mensch das All. Juri Gagarins ersten Raumflug 1961 toppte die erste Mondlandung durch Apollo 1969.

Derweil befand sich auch die Bundesrepublik Deutschland im Umbruch. Die seinerzeit noch junge Demokratie hatten 15 Jahre Wiederaufbau geprägt – in politischer, sozialer, wirtschaftlicher wie baulicher Hinsicht. Nach den Jahren des Krieges und der Unterversorgung wuchs der Wohlstand und mit der zunehmenden wirtschaftlichen Prosperität auch der Wunsch nach Luxus und Konsum. So erhielten in den 1960er Jahren Fernsehen und Kühlschränke Einfluss auf den Alltag, Supermärkte und Reisen veränderten das Konsumverhalten und die Mobilität. Letztere nahm insbesondere durch den PKW enorm zu.

Stetiges Wachstum führte zu massiven Pendlerbewegungen und einem Zuzug in die Städte. Diese begegneten dem drohenden Verkehrskollaps in den 1960er Jahren durch die Schaffung neuer Verkehrsebenen: Ausdruck hiervon am Main sind die S- und U-Bahn. Das 1961 beschlossene Frankfurter Verkehrskonzept lautete Stadtbahn, nicht U-Bahn, denn die Züge verkehren in den Außenbezirken oberirdisch – so bis heute.

Die von Dr. Markus Häfner kuratierte Ausstellung „Bewegte Zeiten: Frankfurt in den 1960er Jahren" und die gleichnamige Publikation nehmen uns mit in dieses facettenreiche Jahrzehnt. Das Frankfurter Stadtbild wandelte sich, manches ist heute wieder in der Diskussion oder bereits verschwunden: U-Bahn und Nordweststadt wurden gebaut und Planungen für Hochhäuser und die Gestaltung zwischen Dom und Römer angestoßen. Das Schauspielhaus änderte sein Gesicht und in einem Drehrestaurant ließ sich über den Dächern der Stadt speisen. Der Wirtschaftsboom ging weiter, ebenso die Diskussionen um den Flughafenausbau und die Fluglärmbelastungen – ein Dauerthema bis heute.

Der Universitätscampus, die Straßen und der Römerberg wurden zu Orten von Massenkundgebungen: Die Studentenbewegung protestierte gegen verkrus-

tete Strukturen in Politik, Bildung und Gesellschaft, die Ostermarschkampagne forderte Abrüstung und Frieden auf der Welt, die Gewerkschaften verhandelten für bessere Arbeitsbedingungen und höhere Löhne und die in Frankfurt lebenden Gastarbeiter*innen wollten auf die Verhältnisse in ihren Heimatländern aufmerksam machen. John F. Kennedys Besuch am Main und der US-geführte Krieg gegen Vietnam mit dem Einsatz von Napalm brachten Tausende auf die Straße – um dem Präsidenten zuzujubeln und wenige Monate später gegen die amerikanische Außenpolitik zu protestieren. Innenpolitisch einte die Diskussion um eine Notstandsverfassung weite Teile der Bevölkerung in der Ablehnung des Gesetzesvorhabens.

Auch im privaten und gesellschaftlichen Bereich standen die Zeichen auf Wandel: In Musik, Theater, Kultur, Mode und Fernsehen setzten sich neue Ansätze durch, ebenso in Familie, Konsum, Gleichberechtigung und Wohnformen. Als wegweisende Gerichtsverfahren sind die drei Auschwitz-Prozesse zu nennen.

Viele der angeschnittenen Aspekte sind Dauerthemen der Frankfurter Geschichte in der zweiten Hälfte des 20. Jahrhunderts geblieben: Die Proteste setzten sich im Häuserkampf und in den Auseinandersetzungen um die Startbahn West fort, die Fragen des Lärm- und Umweltschutzes bestimmten die folgenden Jahrzehnte. Die Probleme bei der Wohnungssuche haben sich bis heute verstärkt, die Diskussionen um Reformen im Bildungssystem werden weiterhin geführt. Auch Veränderungen im Stadtbild waren und bleiben eine feste Konstante der Frankfurter Historie.

Zur gelungenen Ausstellung und Publikation haben viele Kolleginnen und Kollegen im Institut für Stadtgeschichte beigetragen. Ihnen allen gilt mein herzlicher Dank! Die grafische Gestaltung der Ausstellung übernahm Claudia Leffringhausen und der Societäts-Verlag leistete die Produktion und den Druck der vorliegenden Publikation. Ihnen allen möchte ich für ihr Engagement danken! Ergänzung findet die Ausstellung durch ein reichhaltiges Begleitprogramm. Mein Dank gilt allen Beteiligten und insbesondere dem Kurator, Herrn Dr. Markus Häfner, für seinen großen Einsatz und seine Innovationen.

Ich wünsche Ihnen neue Einblicke in die Frankfurter Stadtgeschichte und viel Freude beim Besuch der Ausstellung und der Lektüre des Begleitbuches!

Ihre Dr. Evelyn Brockhoff
Leitende Direktorin des Instituts für Stadtgeschichte

Sitzblockade vor dem amerikanischen Generalkonsulat in der Siesmayerstraße, 11. Februar 1967

Einführung

Die 1960er Jahre: Annäherungen an ein Jahrzehnt

In den 1960er Jahren veränderte sich unsere Welt. Die Nachkriegsordnung festigte sich, Mobilität, gesellschaftliche Umbrüche und technischer Fortschritt setzten neue Akzente. Berühmte Zitate wie „Niemand hat die Absicht, eine Mauer zu errichten"[2] , „Ich bin ein Berliner"[3] , „I have a dream"[4] , „That's one small step for (a) man, one giant leap for mankind"[5] oder „Wir wollen mehr Demokratie wagen"[6] verbinden wir noch heute mit diesem „bewegten" Jahrzehnt. Die Aussagen symbolisieren die weltpolitischen Spannungen wie auch den Kampf für mehr demokratische Beteiligung und politische Rechte.

Weltpolitisch zeigte sich das Jahrzehnt im Dauerkonflikt zwischen Konfrontation und Entspannung im Kalten Krieg: Nach der Gründung des Warschauer Paktes, Entstalinisierung, Suezkrise, EWG-Gründung, Sputnik-Schock, Rückkehr de Gaulles und Berlin-Ultimatum manifestierte der Bau der Berliner Mauer 1961 die bipolare Teilung der Welt. Auch Afrika erfuhr mit der Dekolonisierung große Umbrüche und die Bürgerrechtsbewegung schuf in den Vereinigten Staaten eine neue Gesellschaft. In Südamerika entstand 1960 mit Brasilia mitten im Urwald eine neue Hauptstadt inmitten des Kontinents.

Zahlreiche Ereignisse und Entwicklungen bleiben unvergessen: der Mauerbau, die Kubakrise, Kennedys Deutschlandreise und seine Ermordung in Dallas, der Prager Frühling, die „Kulturrevolution" in China, die Große Koalition, die APO, die Debatte um die Notstandsgesetze, die „68er"-Bewegung, die Beatles, die Einführung des Farbfernsehens, die Reisewelle, die Proteste gegen den Vietnamkrieg, das Woodstock-Festival, die Dekolonalisierung, die Mondlandung oder die Vielzahl an Demonstrationen und Polizeieinsätzen. Die Liste ist lang und doch höchst unvollständig. Sie zeigt allerdings, welch vielseitiges und vielschichtiges, aber auch ambivalentes Jahrzehnt die 1960er Jahre darstellten. So standen Sicherung und Verteidigung des Erreichten den Forderungen nach mehr Öffentlichkeit, mehr Beteiligung und mehr Mitbestimmung gegenüber,[7] die in den Postulaten einer neuen Gesellschaftsform, eines kulturellen Aufbruchs und gesellschaftlicher Neuerung kulminierten.

Dabei charakterisieren vor allem zwei Narrative die 1960er Jahre: Wandel und „68". Der weltweite Ruf der Nachkriegsgeneration nach mehr Mitbestimmung und gesellschaftlichen und kulturellen Umbrüchen fußte auf den Forderungen nach einem grundlegenden Systemwandel. Die Deutung des Jahres 1968 ist dabei vielschichtig. Für die einen zerstörten die Revolten tradierte Werte, für andere machte die „68er"-Bewegung erst die Liberalisierung der Gesellschaft möglich.[8] Die rein quantitative Beteiligung in der Bundesrepublik ist hierbei zu hinterfragen. Statistische Auswertungen ergaben, dass 1968 zwar die reine Zahl an Protestveranstaltungen höher lag als in allen Jahren bis zur Wiedervereinigung, die Gesamtzahl der Teilnehmer*innen aber kaum zwei Millionen betrug, während sie 1955 an die Drei-Millionen-Grenze und 1983 an die Vier-Millionen-Grenze stieß.[9] Dies sind bundesweite Zahlen. Für Frankfurt am Main lässt sich feststellen, dass sich in den Protestjahren zahlreiche Großkundgebungen, aber weitaus mehr kleine Proteste mit wenigen Teilnehmer*innen in der Stadtchronik wiederfinden.[10]

Doch die 1960er Jahre lassen sich nicht auf Demonstrationen, Straßenschlachten und Kundgebungen reduzieren. Sie waren eine Zeit des kulturellen Aufbruchs, des gesellschaftlichen Umbruchs und der politischen Diskurse. Gleichzeitig setzten sich bereits in Gang befindliche Prozesse fort.[11] Das Jahrzehnt markiert das Ende der Nachkriegszeit, in dem sich die bipolare Teilung der Welt verhärtete, sich die westdeutsche Demokratie festigte und im Zuge wirtschaftlicher Prosperität große Teile der Bevölkerung Anteil am Wohlstand hatten.[12]

Für die deutsche Geschichte manifestierte sich im Bau der Berliner Mauer im August 1961 eine nationalgeschichtliche Zäsur und versinnbildlichte die Existenz zweier deutscher Staaten. Der Zuzug qualifizierter Kräfte aus dem Osten endete und beide Staaten mussten ihre Rolle in der Außenpolitik finden.[13] Trotz aller Kritik am Vietnamkrieg blieb die Westbindung fester Bestandteil des bundesrepublikanischen Selbstverständnisses.[14] Vielmehr erfolgte eine kulturelle und ideelle Anpassung der Demokratie an westliche Werte.[15] Auch in Wirtschafts- und Umweltfragen machten sich verstärkt westeuropäische und US-amerikanische Einflüsse bemerkbar.[16]

Innenpolitisch liberalisierte und politisierte sich die Öffentlichkeit mit zunehmendem Wohlstand. Breite Teile der Bevölkerung machten ihren Anspruch auf Teilhabe und Mitbestimmung deutlich: in der Debatte um NS-Verbrechen und deren Aufarbeitung, in der Forderung nach besserer Bildung und Chancengleichheit, im Grundsatzkonflikt um die Notstandsgesetze oder in der Bildung einer Außerparlamentarischen Opposition.[17]

Politisch sorgten die Wähler*innen für einen grundlegenden Wandel. Nach der Bundestagswahl 1969 stellte die CDU erstmals nicht den Kanzler. So regierte nach der Großen Koalition 1966 bis 1969 zum ersten Mal eine sozialliberale Koalition unter SPD-Kanzler Willy Brandt. Obwohl demokratische Systeme in Deutschland bis dato ihre Krisenfähigkeit nicht bewiesen hatten, stärkte der Wandel der politischen Machtverhältnisse und die Beteiligung der Bevölkerung an den Protesten den Status der Demokratie.

Auf das Ende des Wirtschaftswunders und die drohende Wirtschaftskrise reagierte die Regierung mit konservativen Parolen wie „den Gürtel enger schnallen" und einer Erhöhung der Arbeitszeiten. Schließlich sollte eine Große Koalition die Herausforderung der wirtschaftlichen Rezession lösen.[18] Es folgte nach 1966/67 ein moderates wirtschaftliches Wachstum,[19] das mit der Ölkrise 1973 endete.

Vor ihrer Abwahl hatte die Große Koalition Planungsstäbe und Kommissionen für Bildung, Landwirtschaft, Raum- und Strukturpolitik eingerichtet. Hiermit wurde die Planung zum zentralen Instrument der politischen Steuerung. Solche langfristigen Absichten machte die Wirtschaftskrise 1973/74 obsolet.[20]

Zugleich setzte eine sozialpolitische Wende ein. Die Einführung des Rentensystems 1957 sicherte die aus dem Arbeitsleben Ausgeschiedenen ab. Da sich Löhne und Tarifabschlüsse am wirtschaftlichen Wachstum orientierten, hatten die Arbeiter*innen Anteil am wirtschaftlichen Aufschwung. Der Dienstleistungssektor wuchs, statt Arbeitslosigkeit herrschte Vollbeschäftigung. Gastarbeiter*innen wurden angeworben und

Werbung der Parteien für die Wahlen zur Frankfurter Stadtverordnetenversammlung 1964 und 1968

neue Arbeitszeitmuster entwickelten sich. Hierzu zählten ein freies Wochenende und Arbeitszeitverkürzungen, ebenso wie erwerbstätige, verheiratete Frauen als Normalfall.[21] So veränderten sich langsam die traditionellen Rollenverhältnisse in der Kleinfamilie.[22]

Mit dem Gefühl der Sicherheit und der wirtschaftlichen Prosperität stellten sich Veränderungen im Lebensstil ein. Die steigende Kaufkraft führte zum Massenkonsum von Prestige- und hochwertigen Gütern wie eines Fernsehers oder eines eigenen PKWs. Mobilität bestimmte nicht nur zunehmend den Alltag, sondern sorgte auch für Reisewellen.[23] Dabei beflügelten zwei Entwicklungen den Massentourismus: Durch das Bundesurlaubsgesetz 1963 und Privatautos gehörten Urlaubsstau und Blechlawinen fortan zu den Dauerthemen der Presse im Sommer.[24] Fünf Millionen Deutsche verbrachten 1964 einen Campingurlaub – ein Drittel aller Reisenden in Europa![25]

Im religiösen und kulturellen Bereich hinterließen das Zweite Vatikanische Konzil 1962 bis 1965 sowie das Woodstock-Festival 1969 formende Erinnerungen. Die Kulturgeschichte prägten Flowerpower, Pazifismus und Woodstock, Marihuana und LSD, Trabantenstädte und Kommune, Feminismus und Sexuelle Revolution, Bikini und Minirock, Sit-in und Studentenbewegung. Über den Atlantik und die Nordsee schwappten neue Musikrichtungen in die Republik. Songs wie „Help!", „Yesterday", „Blowin' in the Wind", „Satisfaction", „Light My Fire", „My Generation" oder „Purple

Haze" begeisterten die Jugend. The Beatles, The Rolling Stones und The Who erlangten Weltruhm. Der Stern von Jimi Hendrix und The Doors glühte nur kurz.

Als die erste Nachkriegsgeneration erwachsen wurde, formulierte sie eigene Ansprüche an die Lebensverhältnisse. Alte Strukturen erfuhren Ablehnung und eine Freizügigkeit, wie sie die 1961 eingeführte Antibabypille versprach, wurde gefordert. Zugleich intensivierten sich die Generationenkonflikte, die in Fragen von Erziehung und Sexualität, Bildung und Konsumverhalten, Vergangenheitsbewältigung und Vietnamkrieg das Jahrzehnt zu einem besonderen machten. Der 1964 so titulierten „Bildungskatastrophe" standen Forderungen nach mehr Chancengleichheit und qualifizierter Ausbildung gegenüber.[26]

In den heimischen vier Wänden eroberte das Fernsehen die Wohnzimmer der Republik – seit 1967 auch in Farbe. Über die Geräte flimmerten Sendungen wie „Beat-Club", „Bonanza", „Das aktuelle Sportstudio", „Die Firma oder Familie Hesselbach", „Einer wird gewinnen", „Mit Schirm, Charme und Melone", die „Sportschau" oder die „ZDF-Hitparade". Seit 1963 sendete das ZDF, 1964 folgten der Bayerische und der Hessische Rundfunk als erste der Dritten Programme.

Im Kino begeisterten Filmreihen wie Winnetou, James Bond, „Die Lümmel von der ersten Bank" oder Edgar-Wallace die Zuschauer*innen. Zu Klassikern des Genres wurden „Easy Rider", „Spiel mir das Lied vom Tod", „Spartakus", „Tanz der Vampire", „Der rosarote Panther", „Frühstück bei Tiffany", „Die Reifeprüfung", „Der längste Tag", „Das Urteil von Nürnberg", „Psycho", „Die Vögel", „West Side Story" oder „Lawrence von Arabien".

Die neuen gesellschaftlichen und sozialen Bewegungen führten Ende der 1960er und Anfang der 1970er Jahre zu einer „Kulturrevolution": Nun zählte die Selbstverwirklichung mehr als die Pflichterfüllung und das Individuum suchte nach neuen Lebensinhalten, die nicht primär auf die Erwerbstätigkeit ausgerichtet waren. Ökologische Aspekte gewannen gegenüber der Ökonomie an Bedeutung, gleichzeitig intensivierten sich die Debatten über Fortschrittsoptimismus und Wachstumsideologie.[27]

Die von der Öffentlichkeit geforderten Reformideen mussten Bürokratie und Verwaltung umsetzen. Diese entwickelten eine besondere Form des Beharrens gegenüber Forderungen nach mehr Bürgernähe und bürgerschaftlicher Beteiligung an Entscheidungsabläufen. Daher fanden die geäußerten Reform- und Mitbestimmungsansprüche der 1960er Jahre erst mit großer zeitlicher Verzögerung Umsetzung.[28]

Die genannten Entwicklungsstränge erklären die unterschiedlichen Periodisierungen des Jahrzehnts. Während Teile der Geschichtsforschung die „langen 1960er Jahre"[29] als den Zeitraum von 1957/59 bis 1973/74 ansehen, entziehen sie sich für andere einer Festlegung: „Mit unterschiedlicher Perspektive und Themenstellung variieren die äußeren und inneren Zäsuren, lassen sich verschiedene Wendemarken feststellen und Entwicklungsschritte herausarbeiten."[30] Ausstellung und Begleitbuch geben auf diese Frage keine Antwort. Sie nehmen bewusst nur die Jahre 1960 bis 1969 in den Blick, konzentrieren sich auf

Puzzle mit Motiv des Frankfurter Römers, 360 Teile, F. X. Schmid München, um 1965

Ereignisse in diesem Zeitraum und erläutern gleitende und längerfristige Prozesse in und für Frankfurt am Main.

Bewegte Zeiten in Frankfurt am Main

Frankfurt zeigte sich in den 1960er Jahren als eine Stadt im Wandel. Wirtschaftswunder und Wiederaufbau hatten die Mainmetropole zwar in den 1950er Jahren in modernen Formen neu entstehen lassen, doch die baulichen Herausforderungen nach Kriegsende ließen sich nicht binnen 15 Jahren meistern. So sah sich Frankfurt in den 1960er Jahren weiterhin mit Wohnungsnot und Verkehrsfragen konfrontiert. Gleichzeitig drängten die Frankfurter*innen in der gefestigten westdeutschen Demokratie auf mehr Mitbestimmung: in Bildungs- wie in Baufragen, bei Reformen, dem Umgang mit der eigenen Vergangenheit wie bei politischer Beteiligung.

Die im Institut für Stadtgeschichte Frankfurt am Main vom 4. Februar bis 8. November 2020 gezeigte Ausstellung „Bewegte Zeiten: Frankfurt in den 1960er Jahren" trägt ihren Titel nicht grundlos. Die Stadt befand sich im Aufbruch, alles schien in Bewegung. Die für die Stadtbevölkerung wichtigen Themen wurden im öffentlichen Raum diskutiert: Auf den Straßen protestierten die Frankfurter*innen für die 40-Stunden-Woche und eine bessere Bezahlung, für Rüstungskontrolle und Abrüstung, gegen den Vietnamkrieg und die Notstandsgesetze, gegen verkrustete Strukturen an den Universitäten, für bessere Bildung an den Schulen und weniger Fluglärm. Die „68er" forderten einen radikalen gesellschaftlichen Umbruch, Emanzipation und Aufarbeitung der NS-Vergangenheit.

Doch das Jahrzehnt kennzeichnet weit mehr als nur Proteste: Die Stadtbahn bewegte als neues Verkehrsmittel Pendlermassen ins Herz der Stadt und in Frankfurts Norden wichen Tonnen an Erdreich, um Raum für die Nordweststadt zu schaffen. Die boomende Wirtschaft zog Gastarbeiter*innen aus dem Süden Europas an. Vor Gericht standen die Täter von Auschwitz. Sport, Popmusik und Kennedys Besuch bewegten die Massen. Farbfernsehen und Werbung, steigende Löhne und Massenproduktion sorgten für neue Freizeit- und Konsummuster.

Das Stadtbild der 1960er Jahre unterschied sich an vielen Orten grundlegend vom heutigen Aussehen: Der Alten Oper fehlte das Dach, die Altstadt fungierte als Parkplatz und an die historische Ostzeile auf dem Römerberg war noch nicht zu denken, Technisches Rathaus und Historisches Museum befanden sich in der Diskussion bzw. im Bau, die U-Bahn und die Nordweststadt entstanden, der Flughafen kannte nur zwei Startbahnen, eine moderne Theaterdoppelanlage ersetzte das wiederaufgebaute Schauspielhaus, Neckermann bezog eine moderne Zentrale, die Nidda erfuhr eine Begradigung, Hoechst schenkte seiner Belegschaft die Jahrhunderthalle und der AfE-Turm im Rohbau ragte als Symbol für viele noch kommende Hochhäuser in den Frankfurter Himmel. Manche der genannten Gebäude sind heute bereits wieder verschwunden.

Bewegte Zeiten in Buch und Ausstellung

Die Themen- und Ereignisvielfalt eines derart bewegten Jahrzehnts kompakt und informativ zu vermitteln, bringt große Herausforderungen mit sich. Stets steht der Autor und Kurator im Zwiespalt, möglicherweise einen wichtigen Sachverhalt zu verknappt, zu verkürzt oder zu vereinfacht dargestellt oder gar ganz auf ihn verzichtet zu haben. Wer sich in die Hunderte an Flugblättern zu den Ostermärschen und Aktionen gegen die Notstandsgesetze vertieft, gewinnt einen Eindruck von der Tiefe und Breite des Quellenfundus. Er kann weiterforschen in Akten der städtischen Verwaltung, Zeitungsartikeln, Nachlässen, Grauen Schriften, Fotos, Dias, Flyern und, und, und.

Eine umfassende Quellenauswertung war nicht die Absicht. Vielmehr sollen Publikation und Ausstellung zur eigenen Auseinandersetzung mit der Stadtgeschichte anregen und als Einführung den Einstieg in die unterschiedlichen Themenkomplexe erleichtern. Daher erhebt die vorliegende Publikation keinerlei Anspruch auf Vollständigkeit. Sie hat das Ziel, der jüngeren Generation kompakt wichtige Ereignisse und Entwicklungen der Frankfurter Geschichte in den 1960er Jahren zu vermitteln. Sie verfolgt darüber hinaus das Ziel, bei den Akteur*innen der damaligen Zeit visuelle wie inhaltliche Erinnerungen zu wecken. Für beide Gruppen sollen Ausstellung wie Publikation als Anregung oder Erinnerung dienen, sich mit dem für sie interessantesten Sachverhalt näher zu befassen.

Beispiele gefällig? Wissen Sie, was es mit dem „Busenattentat" auf sich hat? Wissen Sie, was eine Alweg-Bahn ist und wie nahe Frankfurt davor stand, diese zu bauen? Wissen Sie, welchen Frankfurter Oscar-Preisträger Alfred Hitchcock gerne in Frankfurt besuchte? Wissen Sie, welcher Schlagersänger zugleich Neffe des Frankfurter Oberbürgermeisters Werner Bockelmann war? Wissen Sie, welche Schülerzeitung 1967 mit einer Sexumfrage einen bundesweiten Skandal auslöste? Wissen Sie, welcher Frankfurter als erster Mensch die Fabelzeit von 10,0 Sekunden im 100-Meter-Sprint lief? Die Aufzählung ließe sich beliebig fortsetzen – die Antworten finden sich auf den folgenden Seiten.

So sind es die kleinen Geschichten und die großen Entwicklungen, die die 1960er Jahre, die zugehörige Publikation und Ausstellung so besonders machen – illustriert durch Abbildungen und Objekte aus den Archivbeständen des Instituts für Stadtgeschichte. Für die Auswahl war maßgeblich, dass die Motive in Bezug zu Frankfurt stehen und zugleich neue Facetten oder Einblicke aufzeigen. Daher fanden allgegenwärtige Bilder wie vom Brandstifterprozess, von Daniel Cohn-Bendits Sprung über die Absperrung bei der Friedenspreisverleihung oder das berühmte SDS-Plakat „Alle reden vom Wetter. Wir nicht" keine Verwendung.

Ausstellung und Publikation verfolgen drei Vermittlungsideen:

1. Sie wollen verdeutlichen, welche Ereignisse und Entwicklungen Frankfurt in den 1960er Jahren prägten und welche Entwicklungen bis in die Gegenwart fortwirken. So bestimmen beispielsweise der Bau der Stadtbahn bis heute die Fortbewegung in Frankfurt oder der Bau von Großsiedlungen die Wohnformen.

2. Ausstellung und Publikation konzentrieren sich dabei auf Ereignisse und Entwicklungen im öffentlichen Raum: in Gerichtsverfahren, im Wahlkampf, im Stadtbild, bei Demonstrationen und Protesten, in den Massenmedien, in Kunst, Musik und Kultur, in Wirtschaft und Sport. Die Ereignisse und Entwicklungen fließen in der Forderung nach mehr Mitbestimmung, nach kultureller, gesellschaftlicher und politischer Beteiligung zusammen.

3. Ausstellung und Publikation fokussieren sich auf Archivgut des Instituts für Stadtgeschichte. Hiermit soll die Vielfalt des Archivguts verdeutlicht und zugleich vermittelt werden, wie wichtig Archive und Überlieferungsbildung für das historische Gedächtnis sind.

Den Informationsgrundstock der Ausstellung bilden Text- und Bildtafeln, die durch Objekte in den Vitrinen ergänzt werden. Hierbei handelt es sich um Einzelstücke wie Fähnchen, Pins, Fahrkarten, Werbegeschenke oder Urkunden sowie um Werbemedien wie Kataloge und Programmhefte oder politische Druckschriften wie Wahlwerbung und Flugblätter. Ergänzung finden Objekte und Schautafeln durch Medienterminals, die Originaltöne von Zeitzeug*innen oder Filme beinhalten, und eine Lesestation mit Originaldokumenten.

Ausstellung und Publikation werden von einem Begleitprogramm ergänzt, das in Zeitzeugengesprächen, Vorträgen und Führungen Einzelaspekte vertieft. Die Vorträge thematisieren den U-Bahn-Bau, die Musikvielfalt, die Studentenbewegung, den Auschwitz-Prozess, die Gastarbeiter*innen und die Veränderungen im Stadtbild. Auch der Tag der Archive, die

Flyer, Plakate und Flugblätter der Ostermarsch-Bewegung, 1966–1968

Nacht der Museen, das Museumsuferfest und das archivpädagogische Angebot stehen 2020 im Institut für Stadtgeschichte im Geiste der 1960er Jahre.

Das vorliegende Begleitbuch bildet die Inhalte der Ausstellung ab und ergänzt sie um zusätzliche Abbildungen und Fotografien der ausgestellten Archivalien und Objekte, die Nachweise, eine Chronik und acht vertiefende Schlaglichter auf die Themenfelder Verkehrsnotstand, U-Bahn-Betrieb, ÖPNV-Ausbau, Theater am Turm, Vergangenheitsbewältigung, Bildungsnotstand, Studentenbewegung sowie Wohnsituation der Gastarbeiter*innen.

Durch die gewählte Form der Überblicksdarstellung werden viele Sachverhalte stark verdichtet dargestellt, weshalb manche Details oder Feinausführungen fehlen. Daher sind Ausstellung und Begleitbuch nur Teile eines Gesamtkonzeptes. Ergänzend erscheinen während der Ausstellungsdauer wöchentlich auf den Social-Media-Kanälen oder der Website des Instituts für Stadtgeschichte vertiefende Beiträge zu Ereignissen wie dem Mord an Helga Matura oder dem Doors-Konzert auf dem Römerplatz, erfolgen Verweise auf weiterführende Beiträge anderer Institutionen und Hinweise auf Aufzeichnungen von Beteiligten.

DANKSAGUNG

Projekte wie Ausstellungen, Veranstaltungen und Publikationen lassen sich nicht alleine bewerkstelligen. Daher gilt abschließend allen der Dank, die zur Realisierung beigetragen haben: Dr. Evelyn Brockhoff, Dr. Alexandra Lutz und Franziska Kiermeier für das entgegengebrachte Vertrauen und die Unterstützung bei der Realisierung des Gesamtprojektes. Dr. Kristina Matron für die Presse- und Öffentlichkeitsarbeit, die Objektfotografien, die kritische Durchsicht des Manuskripts und ihre vielfältige Hilfe bei der Realisierung der Ausstellung. Dr. Thomas Bauer als Rat- und Ideengeber. Julia Wiegand für die Entwicklung des englischsprachigen Materials für unsere internationalen Gäste und zusammen mit ihrer Kollegin Manuela Murmann für die Konzeption des archivpädagogischen Begleitprogramms für Schulen. Ulrike Heinisch, Claudia Schüßler und Tobias Picard für ihre Hinweise und Hilfestellungen bei der Recherche des Bildmaterials. Michel Schmidt und Daniel Ebert für die Reproduktionen und Bildbearbeitung sowie Corinna Herrmann, Ute Schardt und Mari Takahashi für Restaurierungsarbeiten und Objektmontagen. Allen Kolleg*innen im Institut für Stadtgeschichte in den Bereichen Archiv, Sammlungen, Magazin, Lesesaal und Bibliothek für ihre Unterstützung bei Recherchen und der Bereitstellung der Archivalien. Guido Feuerstack für die Unterstützung bei technischen Fragen. Yvonne Künstler für die Abwicklung der Verwaltungsabläufe und die Realisierung der Papiermodelle. Ihnen allen ein herzliches Dankeschön!

Der Dank gilt auch allen Rechteinhabern für die Zustimmung zur Veröffentlichung und Präsentation. Dr. René Heinen und Bruno Dorn gilt mein besonderer Dank für die ansprechende Gestaltung des Buches und dessen Realisierung. Claudia Leffringhausen hat in bewährt professioneller und kreativer Weise Werbemedien und Ausstellung gestaltet. Ihr sei ganz herzlich für ihre Arbeit gedankt! Types on foil übernahmen dankenswerterweise den Druck der Tafeln und Henrik Halbleib das Lektorat. Ebenso gilt der Dank allen Beteiligten, die das Begleitprogramm mit ihren Beiträgen bereichern. Druckprodukte unterliegen einer Deadline, daher sei abschließend auch allen gedankt, die sich nach der Fertigstellung des Manuskripts eingebracht haben.

Zuletzt gilt der Dank allen Leser*innen und Besucher*innen, die sich für die Frankfurter Stadtgeschichte interessieren. Ihnen allen viel Freude an der Ausstellung, der Publikation und dem Begleitprogramm!

Markus Häfner im November 2019

Eine letzte Anmerkung: Das vorliegende Werk versucht gendergerechte Sprache umzusetzen. Man möge Nachsicht mit dem Autor und Kurator walten lassen, wenn Sie eine nicht gegenderte Passage finden. Dies ist keine böse Absicht, sondern bisweilen der Lesbarkeit oder der historischen Ungenauigkeit in den Quellen geschuldet. Daher meint die männliche Form im Zweifelsfall immer alle Geschlechter. Die Ausnahme hiervon stellen die Frankfurter Auschwitzprozesse dar. Hier standen in den drei Verfahren nur Männer vor Gericht.

Jahreswechsel am Römerberg 1959/1960

Die Ausstellung

Bewegte Zeiten
Frankfurt in den 1960er Jahren

Politische Stabilität: SPD lenkt das weltoffene Frankfurt

Politisch befand sich die Bundesrepublik in den 1960er Jahren im Wandel. Nach der 14-jährigen Regierungszeit Konrad Adenauers folgten nach 1963 binnen sieben Jahren mit Ludwig Erhard, Kurt Georg Kiesinger und Willy Brandt drei verschiedene Kanzler. Die CDU führte bis 1969 die Regierung, zunächst mit der FDP, seit 1966 in einer Großen Koalition mit der SPD. Diese löste 1969 eine sozialliberale Koalition ab.

Während sich die politische Lage bundesweit veränderte, bestimmte auf Landes- und Kommunalebene weiter die SPD die Politik. Bei den Kommunalwahlen 1960, 1964 und 1968 errang sie mit 50,7, 53,5 und 49,5 Prozent jeweils die absolute Mehrheit. Daneben entsandten CDU und FDP Vertreter ins Stadtparlament, seit 1968 auch die NPD mit 5,8 Prozent der Stimmen.

Trotz der absoluten Majorität der SPD setzte sich der Magistrat aus Vertreter*innen aller demokratischen Parteien zusammen. So repräsentierten u.a. Stadtkämmerer Georg Klingler und die Sozialdezernenten Rudolf Prestel und Ernst Gerhardt die CDU, Kulturdezernent Karl vom Rath die FDP sowie Verkehrsdezernent Walter Möller und Baudezernent Hans Kampffmeyer die SPD. Das Amt des Oberbürgermeisters übernahm 1957, nach dem Tode Walter Kolbs ein Jahr zuvor, der vormalige Ludwigshafener Oberbürgermeister Werner Bockelmann und führte die Kommune ins neue Jahrzehnt.[31]

Obwohl 1962 für weitere zwölf Jahre gewählt, trat Bockelmann 1964 vom Amt zurück und wurde Hauptgeschäftsführer des Deutschen Städtetages. Die Motive hierfür blieben vage. Einen Grund bildete sein angeschlagener Gesundheitszustand. Möglicherweise wogen aber auch die hohen Schulden Frankfurts und Spannungen mit der hiesigen SPD-Spitze ob Bockelmanns Nachfolge schwer. Neuer Oberbürgermeister sollte der amtierende Bürgermeister und Gründezernent Rudolf Menzer werden. Als sich daraufhin Widerstände in der Öffentlichkeit und Partei formierten, verzichtete Menzer auf den Posten. In der angespannten Situation vermittelte der hessische Ministerpräsident Georg August Zinn und schlug den Leiter der Staatskanzlei Willi Brundert vor, der 1964 gewählt wurde.

Oberbürgermeister Willi Brundert und Baudezernent Hans Kampffmeyer (r.) besichtigen den Baufortschritt der Nordweststadt, ca. 1967
Hans Kampffmeyer jun. beeinflusste als Bau- und Planungsdezernent von 1956 bis 1972 maßgeblich die städtebauliche Entwicklung Frankfurts. Unter seiner Federführung entstanden die Planungen für die Nordweststadt, die Großbauten an Dom und Römer und die Bürostadt Niederrad.[32] In der Verkehrsplanung setzte er sich mit seiner Vision einer unterirdischen Bahn gegen Verkehrsdezernent Möller durch, der eine oberirdische Alweg-Bahn befürwortete.[33] Das Ende seiner Amtszeit prägten die Diskussionen um den Fingerplan und die damit beabsichtigte Umwandlung des Westends in ein Bankenviertel.[34]

Brundert setzte die Politik seines Vorgängers fort und brachte den U-Bahn-Bau und die Verkehrsverbesserungen voran. Doch Brundert verordnete Frankfurt auch einen Sparkurs. So verschob er Neubauprojekte, sagte die für 1969 geplante Bundesgartenschau ab und ließ den Wiederaufbau des Opernhauses und des Dom-Römer-Bereichs ruhen. Die Sparmaßnahmen genügten jedoch nicht für eine Haushaltssanierung. Die Ausgaben stiegen von 1961 bis 1964 von 515 auf 724 Millionen DM, bis 1969 auf 895 Millionen DM. Dadurch schoss die Gesamtverschuldung von 662 Millionen DM 1961 auf 1,525 Milliarden DM im Jahr 1968. Finanzieren ließen sich die steigenden Ausgaben nur durch sprießende Einnahmen aus den Gemeindesteuern, die von 1961 bis 1969 von 292 auf 681 Millionen DM zunahmen.[35]

1970 starb Brundert an den Folgen der langjährigen Unterernährung während seiner Haft in der DDR. Sein Nachfolger Walter Möller erlag 1971 einem Herzinfarkt, sodass Rudi Arndt seit 1972 die Geschicke der Stadt führte. Neben Brundert und Möller verstarb 1971 auch Stadtverordnetenvorsteher Heinrich Kraft während seiner Amtszeit. Das 67-jährige SPD-Mitglied übte das Amt seit 1960 aus. Unter seiner Ägide führte die Stadtverordnetenversammlung 1967 die Fragestunde ein.[36]

Durch Messen und den Flughafen als Tor zur Welt knüpfte Frankfurt nach 1945 weltweite Verbindungen. Aussteller und Messebesucher*innen aus aller Welt und die dauerhafte amerikanische Präsenz in der Stadt sorgten für ein internationales Flair. Rund 40.000 US-Soldaten waren in Frankfurt stationiert, die mit der Militärbase am Rhein-Main-Flughafen und den Hauptquartieren der CIA in der Bundesrepublik und der US-Streitkräfte in Europa im IG-Farben-Haus wichtige Stützpunkte schützten. Der Radiosender AFN und zahlreiche Bars für GIs brachten die amerikanische Musikvielfalt dem deutschen Publikum näher.[37] Aus Dankbarkeit für die amerikanische Hilfe beim Wiederaufbau stifteten Frankfurter Unternehmen zu Ehren des 1959 verstorbenen US-Außenministers George Marshall einen Brunnen in der Taunusanlage. Diesen weihten 1963 Bundeskanzler Erhard und Marshalls Witwe ein.[38]

Maire de Lyon M. Louis Pradel und Oberbürgermeister Werner Bockelmann (r.) unterzeichnen in der Paulskirche die Städtepartnerschaft zwischen Lyon und Frankfurt, 15. Oktober 1960
Um die internationalen Beziehungen zu intensivieren, schloss Frankfurt 1960 mit Lyon und 1966 mit Birmingham Partnerschaftsverträge. Die Unterzeichner gelobten die Beziehungen zu vertiefen und die europäische Einigung zu fördern.[39]

Bundestagswahlkampf mit Willy Brandt, 25. August 1965
Acht Mal durften die Frankfurter*innen in der 1960er Jahren wählen: 1960, 1964 und 1968 das Kommunalparlament, 1962 und 1966 den Hessischen Landtag und 1961, 1965 und 1969 den Bonner Bundestag. Dafür betrieb die Bundespolitik am Main regen Wahlkampf. SPD-Kanzlerkandidat Willy Brandt besuchte dabei Bauarbeiter der U-Bahn am Eschenheimer Tor.

Wahlkampfrede von Bundeskanzler Ludwig Erhard am Römerberg, 16. September 1965

In der SPD-Hochburg Frankfurt begrüßten 4.000 Personen den amtierenden Bundeskanzler mit teils kritischen Plakaten oder blauen SPD-Fähnchen. So lauschten nicht nur CDU-Sympathisant*innen, sondern politische Gegner*innen versuchten mit Sprechchören und Trillerpfeifen den Redner zu übertönen. Erhard quittierte seinen Auftritt mit den Worten „Das war ein Skandal".[40]

Jungfernfahrt der U-Bahn mit Verkehrsdezernent Walter Möller, 4. Oktober 1968

Möller dirigierte das 1961 geschaffene Verkehrsdezernat, stellte den 1962 verabschiedeten Generalverkehrsplan auf und brachte den Bau der U-Bahn auf den Weg. Nach der Eröffnung der ersten Teilstrecke 1968 erhielt er zusätzlich die Zuständigkeit für die Stadtwerke sowie die Energie- und Wasserversorgung. 1970 folgte er Brundert als Oberbürgermeister nach. Ihm war nur eine kurze Schaffenszeit vergönnt. In Ausübung seiner Dienstgeschäfte verstarb er 1971 an einem Herzinfarkt.[41]

Mainfest auf dem Römerberg, 31. Juli bis 2. August 1965

Das Leben bestimmten nicht nur Politik, Arbeit oder Konsum. In der Freizeit gingen die Frankfurter*innen ihren Hobbys nach, engagierten sich in Vereinen oder genossen die Freizeit. Mit Mainfest, Fasching oder Wäldchestag fand sich immer ein Grund zum Amüsement.

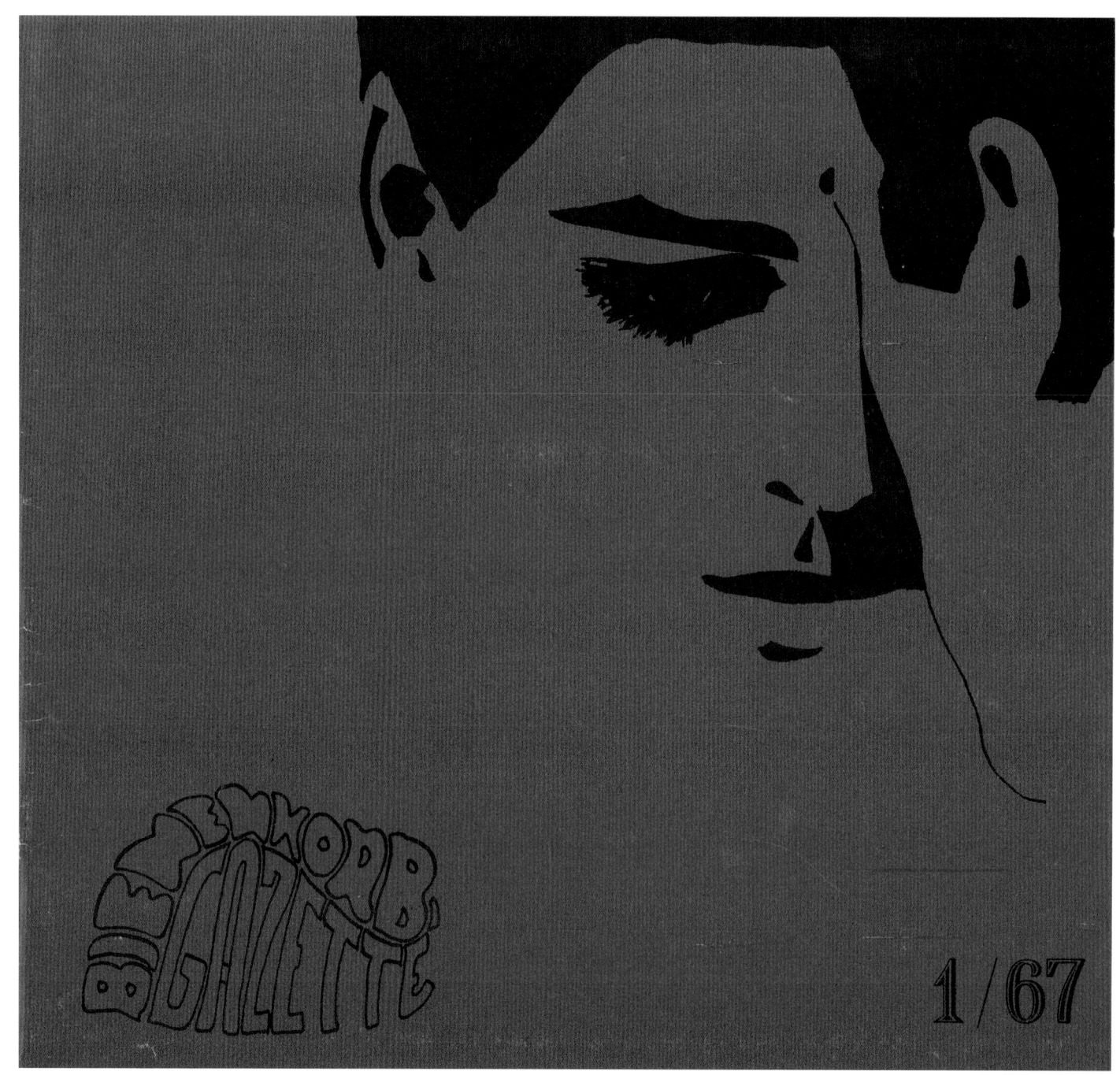

Schülerzeitung „Bienenkorb-Gazette" fragte Mitschüler*innen nach Sexwünschen, 1/67
Eine Umfrage der Schülerzeitung der Bettinaschule über Sexualaufklärung und eigene Erfahrungen unter ihren Mitschüler*innen entfachte eine deutschlandweite Diskussion über die damaligen Aufklärungsbemühungen – und zeigte, wie prüde die Öffentlichkeit noch war. Das Frankfurter Jugendamt untersagte gar den Verkauf am Jugendkiosk am Goetheplatz.[42]

Langsamer gesellschaftlicher Wandel: Familie, Emanzipation und Sexualität

Die 1960er Jahre zeigten sich als ein ambivalentes Jahrzehnt in Sachen Emanzipation und Sexualität. Zwar stilisieren Berichte, Filme und Bilder eine Periode der sexuellen Revolution und einer selbstbewussten Frauenbewegung, im Alltag und in breiten Teilen der Bevölkerung herrschen aber weiterhin die tradierten Familienbilder und Rollenmuster.[43] Die Mehrheit lehnte das Doppelverdienertum und die damit assoziierte Vernachlässigung der Familie ab.[44]

Dennoch brachte das Jahrzehnt einen neuen Umgang mit Sexualität in der Öffentlichkeit. Immer häufiger schmückten spärlich bekleidete Frauen die Cover der Magazine. Im Filmbereich brach „Das Schweigen" 1963 bewusst mit dem Tabu der Darstellung von Sexualität. Oswald Kolle klärte in seinen Serienfilmen über Biologie und sexuelle Praktiken auf. Selbiges geschah in Schriften, Flugblättern oder Publikationen wie Günter Amendts Aufklärungsbuch „Sexfront" (1970).[45] Als Verbindung von Sexualität mit Kommerz wurde 1962 der erste Sexshop in Flensburg durch Beate Uhse eröffnet, dem bis 1971 weitere 24 in der Bundesrepublik folgten.[46]

Die ausgerufene sexuelle Revolution definierte sich als politischer Akt. So sollten alte Rollenmuster wie Monogamie, Sexualität nur zum Fortpflanzungszweck oder bürgerliche Sexualnormen aufgebrochen werden.[47] Insbesondere linke Kreise forderten den Geschlechtsverkehr mit jedem aus reiner Lust.[48] Gleichzeitig verloren die Ehe als Institution und Treue als Wert an Bedeutung. Die Einführung der Pille 1961 bot Frauen neue Möglichkeiten, sich vor ungewollter Schwangerschaft zu schützen. Doch die Frauenbewegung übte an der sexuellen Befreiung auch Kritik, weil Frauen weiterhin für die Verhütung zu sorgen hatten.[49]

Rechtlich galt bis 1969 weiterhin der „Kuppeleiparagraph" (§ 180 StGB), nach dem sich Eltern wie Vermieter*innen strafbar machten, wenn Mieter*innen oder Kinder bei Partner*innen des anderen Geschlechts übernachteten. Dennoch setzten sich Forderungen nach einem neuen Familienbild und zeitgemäßen Wohnformen langsam durch. Obwohl Wohngemeinschaften als suspekt galten, schufen sie ein Maß an Gleichberechtigung: Hier verfügte jeder über ein eigenes Zimmer und Privatsphäre, zahlte in die gemeinsame Kasse ein und beteiligte sich an der Hausarbeit.[50]

Proteste bei der Feier zum 50-jährigen Jubiläum des Frauenwahlrechts, 12. November 1968
Von einer Gleichberechtigung der Geschlechter war die Gesellschaft angesichts der traditionellen Rollenmuster in den 1960er Jahren noch weit entfernt. Dies betonten auch die Aktivistinnen bei der Jubiläumsfeier. Mit der sexuellen Befreiung forderten die Frauen mehr politische Mitbestimmung. Dies führte zur Gründung von Kinderläden, denn Entlastung bei der Versorgung des Nachwuchses bildete neben wirtschaftlicher Unabhängigkeit eine Grundvoraussetzung für mehr politisches Engagement.[51]

Sorgen für Aufsehen in der Innenstadt: Miniröcke, um 1967
In der zweiten Hälfte der 1960er Jahre begann eine Moderevolution: Statt Anzug und Krawatte trugen Studierende und Jugendliche nun Cordhosen, Parka, Miniröcke, Kleider mit Batikmuster, Bikini, Plateauschuhe und vor allem Jeans.[52]

Ess- und Wohnzimmer in einer modernen Wohnung in der Nordweststadt, Bernadottestraße, 1971

Die jugendliche Generation setzte auf die individuelle Gestaltung der Zimmer und moderne Einrichtung mit aufblasbaren Kunststoffsofas, Plastikmöbeln, Phonoanlagen von Braun, Teakholz- oder Birkenmöbelstücken oder den 1969 auf den Markt gekommenen Sitzsack.[53]

Neuerungen im Alltag: Konsum und Wohnen

Steigende Löhne kurbelten Wohlstand und Konsum an und sorgten für eine stetige Vergrößerung des Warenangebots. Standen dem Durchschnittsbürger 1950 noch monatlich 213 DM netto zur Verfügung, erhöhte sich diese Summe 1960 auf 461 DM und 1970 auf 890 DM.[54] Hiermit konnten sich Konsumenten neben Aufwendungen für Nahrungsmittel, Wohnungsmiete, Heizung und Beleuchtung auch größere Ausgaben für Genussmittel und Hausrat, Körper- und Gesundheitspflege oder Bildung und Reisen leisten. Auf den vorderen Plätzen der Wunschlisten standen ein Fernseher, ein Auto, Haushaltsgeräte oder eine modernere Wohnung.[55]

Wohnform und Einrichtungsart symbolisierten das Prestige des Individuums: durch eine neuere oder größere Wohnung, ein Eigenheim, einen Partykeller, ein eigenes Schwimmbad, eine eigene Wohnung im Alter oder die Wohnungseinrichtung. Letztere beurteilten die Zeitgenossen nicht mehr nach der rein funktionalen Nutzung zum Schlafen, Sitzen oder Kochen, sondern auch in ihrer Funktion als Spiegelbild des eigenen Wohlstandes.[56]

In den eigenen vier Wänden wurde die Hausarbeit technisiert. So verfügten zum Ende der 1960er Jahre fast alle Haushalte über einen Kühlschrank, einen Elektro- oder Gasherd und eine Waschmaschine.[57] Auch Küchenmaschinen und Kleingeräte wie Toaster hielten Einzug in den Alltag, ebenso wie Gefäße aller Art aus Plastik oder ein Boden aus PVC.[58] Zunehmend gewannen Haushaltstechnik, Autos, HiFi-Elemente oder Kleidungsstücke aus industrieller Massenproduktion an Bedeutung.[59]

In der sich ausprägenden Konsumgesellschaft nahmen die Konsument*innen auch den Umgang mit Geld und Schulden laxer. Die von den Banken eingeführten Dispositionskredite sorgten für mehr Käufe auf Raten oder Kredit. Mit der Einführung der Scheckkarte 1967 setzte sich zunehmend der bargeldlose Zahlungsverkehr durch. Zudem stieg die Zahl der Girokonten von 1969 bis 1974 von 6 auf 20 Millionen.[60]

Selbstbedienungsanlage in einem Warenhaus, um 1965

Der Massenkonsum brachte auch neue Einkaufspraktiken mit sich: Supermärkte lösten die Tante-Emma-Läden ab. Ein größeres Warensortiment, ein direkter Preisvergleich und die Möglichkeit, die Ware in den Geschäften oder Automaten zu betrachten, überzeugten die Konsumenten vom neuen Konzept der Selbstbedienung.[61]

Schallplattenverkauf an einem Frankfurter Kiosk, 12. Januar 1960

Musikfreunde von Jung bis Alt konnten in Plattenläden die Alben ihrer Lieblingsinterpreten erwerben. Supermarktketten wie Latscha versorgten die Verbraucher*innen sowohl mit Grundnahrungsmitteln als auch mit Delikatessen und Spirituosen. Und die großen Kaufhäuser auf der Zeil wie Kaufhof, Neckermann oder Hertie erfüllten jeglichen Käuferwunsch.

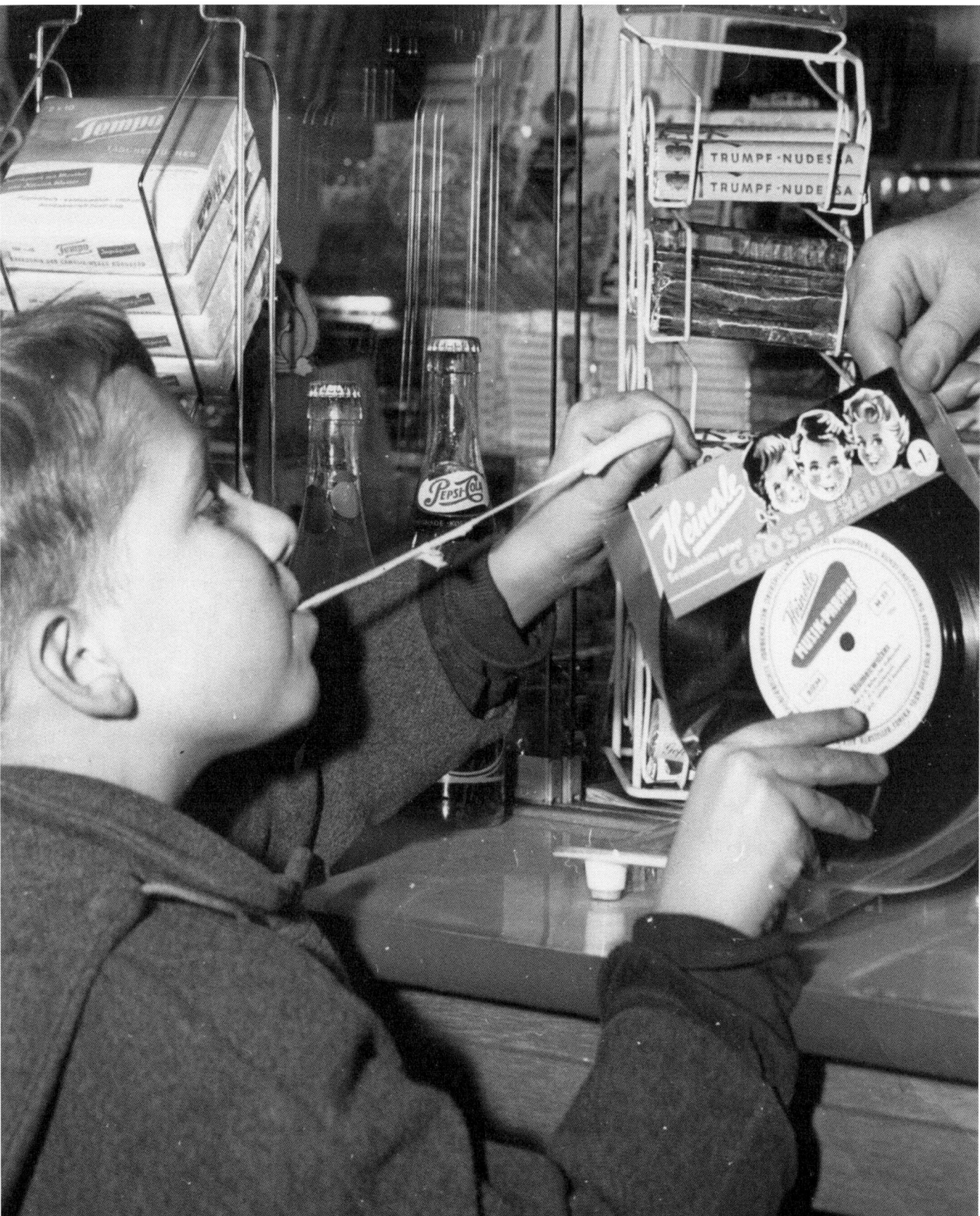

Frankfurt baut: Neue Akzente im Stadtbild

Frankfurt befand sich zu Anfang der 1960er Jahre in einer Phase der Konsolidierung. Ruinen und Trümmer waren aus dem Stadtbild größtenteils verschwunden. Nur vereinzelt fanden sich noch unbebaute Grundstücke. Die Innenstadt blieb vom Baustil der 1950er Jahre geprägt, doch neue Hochbauten setzten punktuell moderne Akzente. Für die Vororte brachten die Stadtbahn und die Nordweststadt richtungsweisende Neuerungen.[62]

Verstärkt wichen Altbauten modernen Funktionsbauten: das Schumanntheater 1961 für das Bürogebäude einer Versicherung, das Schauspielhaus 1960/63 für die Theaterdoppelanlage oder der Altbau der geschlossenen Capitol-Lichtspiele an der Konstablerwache 1963 für eine Kaufhalle. Die moderne Architektur im Stadtbild sagte nicht allen zu. Im Falle der 1963 eingeweihten Theaterdoppelanlage sehnten sich viele Frankfurter*innen angesichts des nüchtern-kargen Glaskastens wehmütig nach der aufwendig gestalteten Fassade des alten Schauspielhauses zurück.[63]

Andernorts entwarfen die Architekt*innen bemerkenswerte Bauten. Das Neckermann-Verwaltungszentrum 1960, die Beruflichen Schulen Berta Jourdan in der Adlerflychtstraße 1961, das SPD-Parteihaus in der Fischerfeldstraße 1962, die Jahrhunderthalle an der Pfaffenwiese 1963, das Studentenwohnheim in der Porthstraße 1966 oder die Künstlerkolonie „An den Pflanzländern" 1967 stehen für moderne und wegweisende Architektur.[64]

Für spätere Generationen galten viele der Neubausiedlungen als soziale Brennpunkte und die Betonmonolithe (Bundesbank, Nordwestzentrum, AfE-Turm, Historisches Museum oder Technisches Rathaus) fanden wenig Anklang. Ihre Fertigstellung feierten viele erst in den 1970er Jahren, doch geplant wurden sie im Architekturverständnis des Jahrzehnts zuvor.[65]

Der sogenannte Beton-Brutalismus (abgeleitet vom französischen beton brût = nackter Beton) war nicht grundsätzlich negativ konnotiert. Architekt*innen sahen im nackten und rohen Beton einen ehrlichen Baustoff, den sie häufig mit bunten, funktionalen Elementen bei Rohrleitungen, Treppen, Türen oder Lichtschächten kombinierten.[66] Mit Alexander Mitscherlichs „Die Unwirtlichkeit der Städte" kam auch die wichtigste Kritik am Städtebau der Nachkriegszeit aus Frankfurt.

Speisen über den Dächern Frankfurts im Henninger Turm, um 1968
Mit dem 1959 bis 1961 errichteten Henninger Turm verfügte Sachsenhausen über ein neues Wahrzeichen. Das von Karl Emil Lieser geplante Bauwerk galt mit seinen 120 Metern als höchstes Getreidesilo weltweit und war bis 1974 Frankfurts höchstes Gebäude. Einmalig in Europa machten den Turmbau das integrierte, sich drehende Dachrestaurant, drei weitere Einkehrmöglichkeiten und die Aussichtsplattform.[67] Als die Binding-Brauerei Henninger 2001 kaufte, schloss sie das Restaurant.[68] Heute ist der 2013 abgerissene, ursprüngliche Turm durch einen Neubau ersetzt.

Besonders Banken und Versicherungen benötigten in den 1960er und 1970er Jahren verstärkt neue Büroflächen. So entstand seit 1962 auf zuvor unbebautem Areal die Bürostadt Niederrad mit Verwaltungssitzen für Handels- und Produktionsunternehmen. Mit der Aufhebung des Gesetzes zur „Beschränkung des Niederlassungsbereiches von Kreditinstituten" 1956 konnten sich die drei deutschen Großbanken neu konstituieren. Hieraufhin entschieden sich Deutsche Bank und Dresdner Bank für Frankfurt als Hauptsitz, die Commerzbank folgte 1970. Zudem wurde 1957 mit dem Gesetz zur Gründung der Bundesbank auch diese Institution in Frankfurt heimisch.[69]

Die Bodenspekulation und die politischen Pläne zur Umwandlung von Wohnraum in Büroflächen gipfelten 1970 in den ersten Hausbesetzungen. Erste bauliche Zeichen für die spätere Entwicklung setzten der Abriss alter Villen sowie die Errichtung des 68 Meter hohen Zürich-Hauses und der 82 Meter hohen BHF-Bank im Rothschildpark.[70] Als Fortführung dieser Vorgehensweise sah der 1968 vorgelegte Fingerplan Hochhäuser mitten in den Wohngebieten Westend und Bockenheim vor. Daraufhin gründete sich 1969 die Aktionsgemeinschaft Westend – ein Vorblick auf die 1971 beginnenden Häuserkämpfe.[71]

Eine der drängendsten städtebaulichen Herausforderungen stellte die Verkehrsproblematik dar. Die nach 1945 geschaffenen Straßenverbreiterungen und erste Parkhäuser genügten nicht, um den massiv ansteigenden Verkehr zu lenken. Denn die kontinuierlich wachsende Einwohnerzahl – von 530.000 (1950) auf 600.000 (1955) und 695.000 (1964) – brachte eine starke Zunahme des Individualverkehrs mit sich. Schon 1963 verfügte Frankfurt über die höchste Motorisierungsdichte aller deutschen Großstädte: Ein PKW kam auf 5,5 Einwohner.[72] 1970 fuhren über Frankfurts Straßen 195.000 PKWs, 18.500 LKWs und 2.000 Krafträder[73] – hinzu kamen 160.000 Pendler*innen.[74] So befassten sich politische Gremien, Presse und Bürger*innen fortwährend mit der Verkehrssituation und den Lösungsansätzen.

Bus- und Straßenbahnhof an der Konstablerwache, 1966

Die Zeil blieb in den 1960er Jahren Frankfurts beliebteste Einkaufsmeile mit den Kaufhäusern Schneider, Hansa/Hertie, Kaufhof, Karstadt, C&A Brenninkmeyer, Peek & Cloppenburg, Neckermann oder Woolworth.[75] Seit 1973 folgte die sukzessive Umwandlung in die heutige Fußgängerzone. Zuvor diente sie als eine der Hauptdurchgangsstraßen für den Individual- und den ÖPN-Verkehr.[76]

Luftaufnahme der 1944 zerstörten Alten Oper und des angrenzenden Westends, um 1960
Über Jahrzehnte fehlten die nötigen Mittel zum Wiederaufbau des Opernhauses. Die am 9. Oktober 1964 gegründete Aktionsgemeinschaft Opernhaus sammelte in den 1960er Jahren über Benefizkonzerte, Zirkusveranstaltungen oder Galavorstellungen sowie durch Verkäufe von Schallplatten, Bausteinen oder Weihnachtskarten Gelder für den Wiederaufbau. Bis zum Sommer 1968 hatten über 40.000 Frankfurter*innen 9 Millionen DM gespendet, darunter auch Unternehmen, Banken und Geschäftsinhaber*innen.[77] Die Stadtverordneten scheuten 1968 noch die finanziellen Risiken und genehmigten der Aktionsgemeinschaft lediglich, Sicherungsmaßnahmen an der Ruine vornehmen zu lassen.[78] Erst 1976 bewilligte die Stadtverordnetenversammlung finanzielle Mittel für den Wiederaufbau des 1981 neu eröffneten Opernhauses.[79]

Lesesaal der am 29. April 1965 eröffneten Stadt- und Universitätsbibliothek, 1966

Auch für die Bildung wurde gebaut. Hierfür steht insbesondere die von Ferdinand Kramer geplante Universitätsbibliothek. Er entwarf den Bau nach ökonomischen Maßstäben, um die immer größer werdenden Büchermengen zur Nutzung zur Verfügung zu stellen. Hierfür verzichtete er auf eine repräsentative Halle und schuf stattdessen ein lichtes Foyer und einen offenen Magazinbau. Vorbei waren damit die Zeiten, als die Nutzer*innen vor dem Tresen mehrere Tage auf ihre Bestellungen warten mussten. Der Zugang zu den Büchern war nun frei. Der Magazinkubus beinhaltete auch drei Lesesäle mit Aluminiumlamellen an den Fassaden, die sich bei Sonneneinstrahlung automatisch schlossen. In den Handmagazinen schuf Kramer Arbeitskabinen, die sogenannten „Carrels".[80]

Bockenheimer Anlage mit Blick auf das Stadtbad Mitte, um 1965

Das nach Kriegsende notdürftig instandgesetzte Stadtbad am Dominikanerplatz wurde durch einen Neubau an der Hochstraße (heute Standort des Hilton-Hotels) ersetzt.[81] Planung und Bau des am 21. Mai 1960 eröffneten und mit Baukosten von 12 Millionen DM bis dato teuersten Schwimmbadbaus der Bundesrepublik leistete die Frankfurter Aufbau AG.[82] Auf zwei Keller- und vier Hochgeschossen verteilten sich Verwaltungs- und Betriebsräume, Reinigungs- und medizinische Bäder, ein Lehrschwimmbecken und als Herzstück die Schwimmhalle mit 10-Meter-Turm und Tribüne für 1.000 Zuschauer*innen.[83]

Baustelle des AfE-Turms mit Kamin des Fernheizkraftwerkes der Universität, 23. April 1970

Immer mehr Hochhäuser ragten in den Frankfurter Himmel: Dem 1960 vollendeten Philosophicum folgten der Henninger Turm 1961, das Verwaltungsgebäude der Zürich-Versicherung am Opernplatz 1962, die Hotelbauten des Intercontinental im Bahnhofsviertel 1963 und 1969, die Schweizer Nationalversicherung an der Neuen Mainzer Straße 1964, das BHF-Bank-Hochhaus an der Bockenheimer Landstraße 1966, das Shell-Hochaus am Nibelungenplatz 1966 oder der 1969 begonnene und 1972 fertiggestellte AfE-Turm mit 116 Metern Höhe.[84]

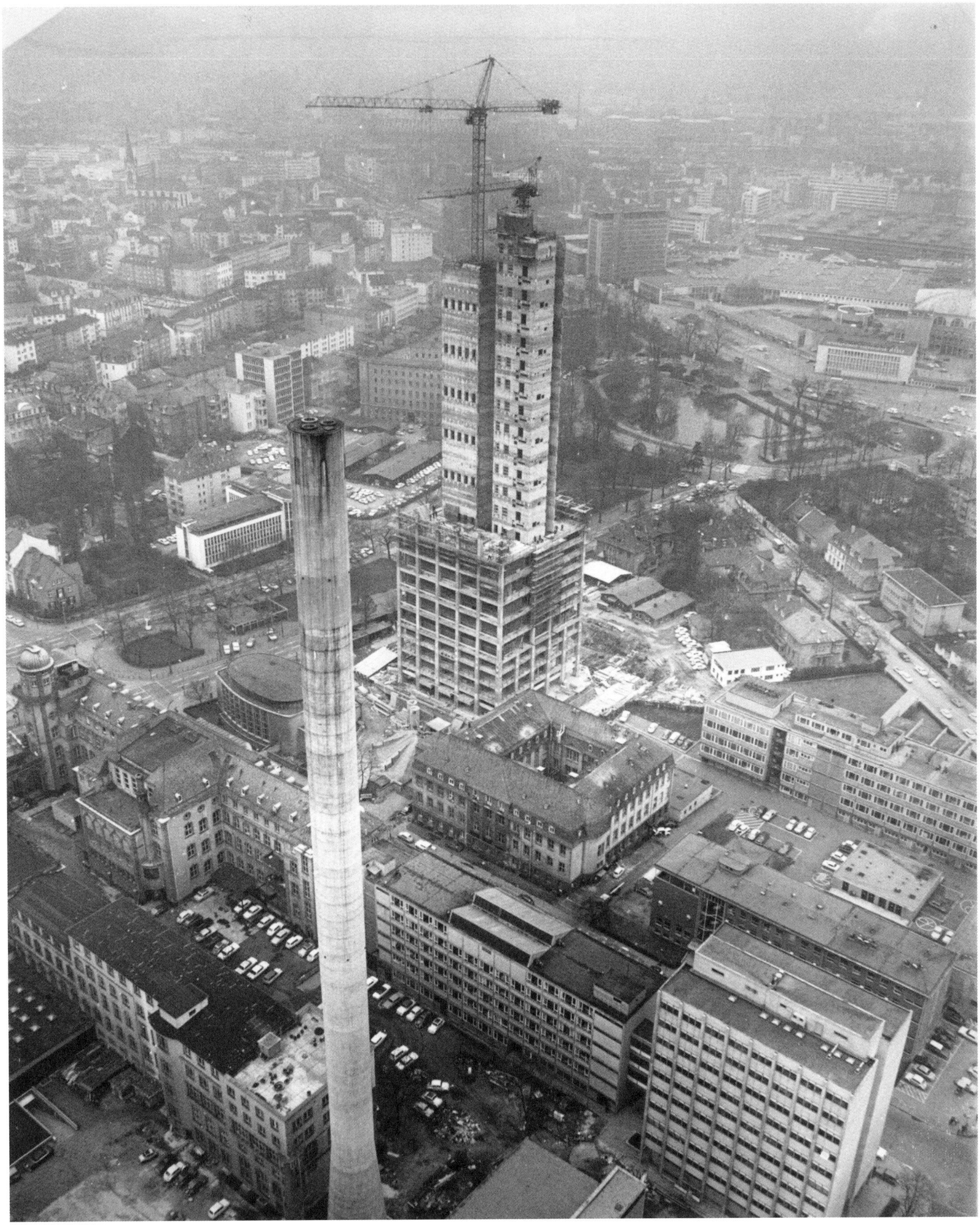

Die „Gute Stube" verkommt zum Fest- und Parkplatz, um 1960

Das Areal zwischen Dom und Römer blieb trotz zahlreicher Vorschläge in den Wettbewerben von 1950 und 1962 fast drei Jahrzehnte unbebaut. Verwendung fand die „Gute Stube" stattdessen als Markt-, Fest- und wie jeder freie Raum in der Stadt als Parkplatz.[85] Die Unterversorgung bei nur 13 Parkhäusern mit 7.495 Stellplätzen und 67.000 Parkmöglichkeiten gegenüber 200.000 angemeldeten PKWs 1970 lassen diese Entscheidung verständlich werden.[86]

Debatten um die Altstadt: Planungen für die „Gute Stube"

Obwohl in der Innenstadt weniger gebaut wurde, setzten sich die Diskussionen und Planungen im Falle des Dom-Römer-Bereiches fort. Wie schon im Wettbewerb 1950/51 lagen jedoch die Vorstellungen der Parteien weit auseinander.[87] Derweil fand der Kernbereich der Altstadt eine Nutzung als Parkraum und vor allem der Römerberg als Ort für Kundgebungen und Zielort von Demonstrationsmärschen.

Ein 1962 ausgelobter Wettbewerb nahm von der Idee des Wohnungsbaus in der Altstadt Abstand und suchte für die „Gute Stube" der Stadt neue Lösungen als Kulturmittelpunkt mit Volksbücherei, Jugendmusikschule, Jugendzentrum, Restaurants, Hotels, Läden, Kunstkabinett und dem Ausstellungshaus „Frankfurt und die Welt". Die Hälfte des Bauvolumens nahm mit dem Technischen Rathaus ein Verwaltungsgroßbau ein. Das projektierte Historische Museum war kein Bestandteil des Wettbewerbs.[88]

Aus den 57 Entwürfen kürte das Preisgericht 1963 das junge Frankfurter Architektenkollektiv Wolfgang Bartsch, Anselm Thürwächter und Hans H. Weber als Sieger, die mit ihrem Ausstellungshaus einen neuartigen Abschluss der Ostseite des Römerbergs vorschlugen. Einen zweiten Preis vergab die von der Qualität des Siegerentwurfs restlos überzeugte Jury nicht.[89]

Als der Plan publik wurde, hagelte es Kritik. Nicht am modernen Entwurf, sondern an den Vorgaben des Stadtplanungsamtes. So hätten die Stadtplaner*innen der Verwaltung und der Jugend zu viel Raum in der Innenstadt zugestanden. Diese Intention würde kein neues Leben in die Altstadt bringen, sondern „Friedhofsstimmung", monierten die Kritiker*innen. Insbesondere ältere Bürger*innen sehnten sich weiterhin nach baulicher Kontinuität in Erinnerung an die untergegangene Altstadt.[90]

So blieb auch der zweite Altstadtwettbewerb ohne Ergebnis. Denn als die Verkehrsplaner*innen Ende 1963 beschlossen, die U-Bahn nicht durch die Berliner Straße, sondern unter dem Dom durchzuführen, verzögerte sich das Altstadtprojekt auf unbestimmte Zeit bis zur Fertigstellung des Massenverkehrsmittels.[91] Abgesehen von Technischem Rathaus und Historischem Museum stockte die Restbebauung der Fläche zudem aufgrund einer Rezession. Alle Initiativen privater Investoren vom Verlag bis zum Hotel scheiterten. So wandelte sich das Areal zwischen Dom und Römer nach 1972 vom Parkplatz zur Fußgängerzone, in dessen Mitte der mit Bäumen und Büschen neu bepflanzte Archäologische Garten lag.[92]

Baudezernent Hans Kampffmeyer (r.) erläutert die geplante Bebauung zwischen Dom und Römer, 13. Juni 1970

Die Architektengemeinschaft Bartsch/Thürwächter/Weber projektierte zwei große Baukörper um die freigelegten Ausgrabungen. Hiermit schuf sie drei neue Plätze vor dem Steinernen Haus, vor dem Dom St. Bartholomäus und der Nikolaikirche. Die südliche Bebauung sollte mittels eines Riegels aus Ausstellungshaus und Jugendzentrum, Volksbücherei und Jugendmusikschule erfolgen.[93]

Heinrich Heym, Geschäftsführer der „Freunde Frankfurts", mit Unterschriften von Bürger*innen gegen die Baupläne des Technischen Rathauses, 19. März 1970

Gegen die drei Rathaustürme des „Betonmonstrums", die im Wettbewerbsentwurf nicht aufgetaucht waren, richtete sich massiver Protest.[94] Als Folge der 20.000 Unterschriften durften die Türme die Spitze des Domschiffes nicht überschreiten.[95] Seit 1972 prägten die beiden massiven Betonbauten des Rathauses und des Historischen Museums im Stil des Brutalismus das Aussehen der Altstadt.

Verkehrschaos am Eschenheimer Turm, um 1965

Schlaglicht

WEGE AUS DEM VERKEHRSKOLLAPS

Verkeilte Autos, Staus und Unfälle, tausende Pendler*innen, feststeckende Straßenbahnen oder endloses Parkplatzsuchen. Nicht nur in Frankfurt, sondern in vielen Städten im Bundesgebiet stellte der Jahr für Jahr zunehmende Verkehr alle Beteiligten auf eine harte Geduldsprobe.[96] Die Einführung von Parkuhren oder die Anlage von Parkhäusern und breiten Verkehrsschneisen beseitigten die Probleme des zunehmenden Pendler- und Individualverkehrs nicht.[97]

Die Motorisierung der Bevölkerung war politisch gewollt, denn seit 1954 ließen sich die Fahrten zur Arbeit von der Steuer absetzen. Bis 1970 stieg der Fahrzeugbestand in der Bundesrepublik somit auf über 13 Millionen PKW. Zudem erlangte ein eigenes Auto eine hohe Symbolkraft. Es galt als Zeichen des eigenen Wohlstandes und diente als Gebrauchsgut für die individuelle Fortbewegung. Gleichzeitig wurde ein PKW durch die zunehmende Suburbanisierung zum „Muss" für die Mobilität.[98]

Die Lösung des sich anbahnenden Verkehrskollapses sahen die Frankfurter Verkehrsplaner*innen in der vertikalen Trennung der Verkehrsströme – insbesondere durch die Verlegung der Straßenbahn in den Untergrund. Die Planer*innen erhofften sich eine Verlagerung des Berufsverkehrs auf öffentliche Verkehrsmittel. Hiermit sollte Platz und Parkraum für den Wirtschafts- und Einkaufsverkehr geschaffen werden.[99]

Die 1958 präferierte Option war die Alweg-Bahn, eine Einschienenhochbahn mit Geschwindigkeiten von bis zu 300 km/h, die auf einem Tragbalken sechs Meter über der Straße verkehrte. Straßenbahndirektor Joachim Fester hingegen plädierte für eine „Unterpflaster-Straßenbahn". Doch der Bau unterirdischer Tunnel dauerte lange und sorgte im Bauverlauf für Verkehrsbehinderungen.[100]

Horizontale Lösungen waren aufgrund des hohen Platzaufwandes nicht realisierbar. So votierten die Stadtverordneten 1960 für ein unterirdisches Tunnelsystem und ließen von einer Planungsgruppe um Prof. Dr. Kurt Leibbrand (ETH Zürich) drei Verkehrsoptionen prüfen. Leibbrand berechnete für eine unterirdische Alweg-Bahn 669 Millionen DM, für eine U-Bahn 968 Millionen DM und für eine Unterpflaster-Straßenbahn 569 Millionen DM an Kosten. Doch nach dem Besuch der 1,2 Kilometer langen Versuchsstrecke der Alweg-Bahn in Turin war dieses Projekt 1961 Geschichte. Hier erlebte das Gremium um Oberbürgermeister Werner Bockelmann am eigenen Leib, wie holpernd die Einschienenbahn die Strecke befuhr.[101]

Leibbrand sprach sich in seinem Gutachten für Straßenbahnen aus, die übergangsweise auch unterirdisch verkehren konnten, bis der Bau einer U-Bahn abgeschlossen war. Aus Leibbrands Empfehlungen entlehnte die Politik den Begriff der „Stadtbahn" – gemeint war damit in Frankfurt ein schrittweiser Übergang von der Unterpflaster-Straßenbahn zur U-Bahn.[102] Der Rest ist Geschichte: Nach der Entscheidung für den Bau 1961 verkehrt seit dem 4. Oktober 1968 die U-Bahn in Frankfurt.

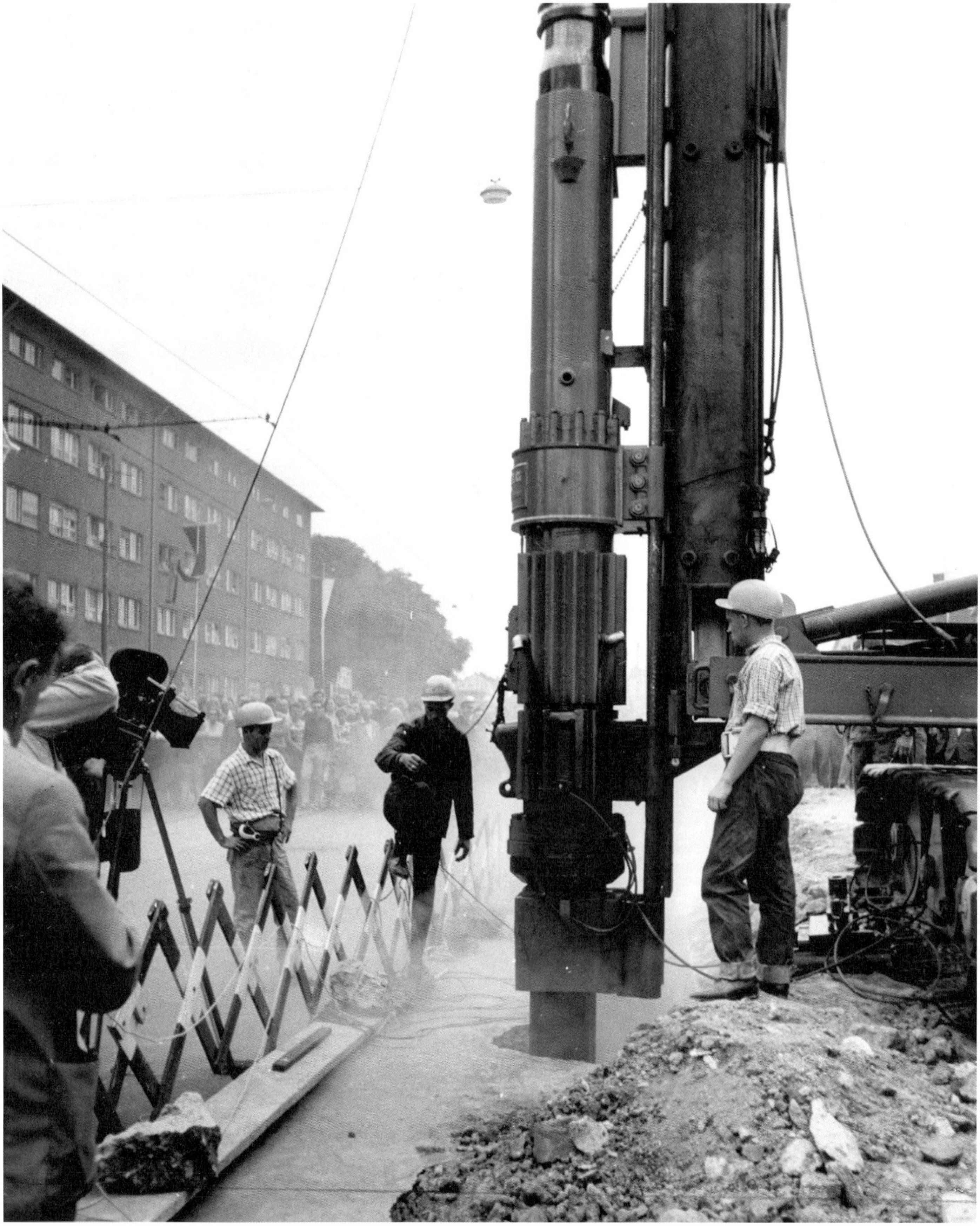

Der Verkehr stockt: Eine „Stadtbahn" als Lösung

Zur Lösung seiner Verkehrsprobleme wagte Frankfurt als dritte Stadt der Bundesrepublik nach Berlin und Hamburg das Wagnis U-Bahn.[103] Gegen die Stimmen der FDP, die sich für eine oberirdisch, eingleisig auf Stelzen geführte Alweg-Bahn starkmachte, votierten am 4. Juli 1961 die Vertreter von CDU und SPD[104] für „das wichtigste kommunalpolitische Ereignis des Jahrhunderts",[105] wie der spätere Oberbürgermeister Willi Brundert die „Stadtbahn" nannte.

Frankfurt setzte auf eine etappenweise Lösung und eine vorläufige Nutzung der unterirdischen Tunnel mit Straßenbahnen. Hiermit sollte ein sukzessiver Umstieg bis zur Vollendung des U-Bahn-Netzes gelingen und jahrelanger Leerstand der Tunnel vermieden werden. Für schnelle Ergebnisse mangelte es an Kapital und Baufachkräften, zudem mussten Verkehrsströme umgeleitet und Leitungen verlegt werden.[106]

Diese Idee des stufenweisen Ausbaus ging auf Kurt Leibbrand zurück. Er sah in einer ersten Phase die Errichtung von Tunnelstrecken in der Innenstadt und deren Anschluss an die Straßenbahnstrecken über provisorische Rampen vor – die Frankfurter Lösung, die wir heute kennen. Denn die beiden weiteren bis 1987 angedachten Ausbaustufen einer unterirdischen Verlängerung der Strecken in die Vororte und die Umwandlung der „Stadtbahn" in eine echte U-Bahn mit insgesamt 82 unterirdischen Haltestellen wurden aus Kostengründen verworfen.[107] Dennoch waren die Baukosten mit 315 Millionen DM beträchtlich. Hiervon brachte Frankfurt 40 Prozent als städtischen Anteil auf, die restlichen Summen stammten aus Landes- und Bundeszuschüssen.[108]

Für den Bau der ersten Strecke zwischen Hauptwache und Nordwestzentrum – der sogenannten A-Linie – rammten seit 1963 Maschinen beiderseits der Eschersheimer Landstraße alle zwei bis drei Meter einen Stahlträger für den späteren Tunnel in den Boden.[109] Mancherorts verzögerten und erschwerten steinerne Hindernisse wie Fels oder Reste der Stadtmauer die Bauarbeiten.[110] Im nächsten Schritt erfolgten der Aushub der Grube und die Verbindung der Stahlträger mit Holzbohlen. Nun begann der Bau des 8,70 Meter breiten und 6,50 Meter hohen Tunnels.[111]

Beginn des U-Bahn-Baus an der Eschersheimer Landstraße, 28. Juni 1963
Verkehrsdezernent Walter Möller sorgte für den ersten Rammschlag vor dem PX-Store am Verkehrskreisel Miquel-/Adickesallee. In der Rekordzeit von sieben Minuten verschwand der 18 Meter lange Rammträger im Frankfurter Erdreich. An anderen Orten reagierte der Untergrund mit weitaus größerem Widerstand.[112]

Problemlos ließ sich der 1 Kilometer lange Tunnel in der Nordweststadt in geböschter Bauweise errichten. Der 3,2 Kilometer lange Innenstadtdurchbruch zwischen Dornbusch und Hauptwache war eine größere Herausforderung. Stahlträger und Wandverkleidungen aus Holz sicherten die riesigen Gruben gegen das umfassende Erdreich ab. Nun konnte der Stahlbetontunnel in die Grube eingefügt und durch Mittelstützen gesichert werden.[113]

Zum Abschluss folgten die technische Ausstattung der Strecke mit Gleisen, Leitungen, Signalen, Kabeln, Steueranlagen, Schaltanlagen und Notstromaggregaten sowie die Straßenwiederherstellung.[114] Kostenerwägungen galten als maßgeblicher Faktor dafür, die erste U-Bahn-Strecke in dieser offenen Bauweise zu errichten. Der seit 1966 bei der zweiten Strecke – der sogenannten B-Linie – von Bornheim zum Theaterplatz angewendete Tunnelvortrieb wurde Anfang der 1960er Jahre als dreimal so teuer eingestuft.[115]

Im August 1965 begannen an der Hauptwache die Bauarbeiten zur Errichtung eines mehrgeschossigen unterirdischen Bahnhofs, der zum wichtigsten Knotenpunkt des Frankfurter U- und S-Bahnverkehrs werden sollte. Mit Verkehrsdezernent Möller am Steuer fuhr dort am 4. Oktober 1968 die erste Bahn der Linie A1 ein, die nach fünfjähriger Bauphase ihre Eröffnung feierte. Die neue Ära des ÖPNV begann mit einer U-Bahn- und drei die Tunnel nutzenden Straßenbahnlinien.[116] In den Jahren danach folgte ein sukzessiver Ausbau des U- und S-Bahnnetzes.

Baumaßnahmen für die U-Bahn, Eschersheimer Landstraße / Ecke Bremer Straße mit Blick zur Adickesallee, 1964

Frankfurt entschied sich aus Kostengründen für den Bau der U-Bahnstrecken entlang der städtischen Straßen. Somit durchzogen riesige Baugruben von 12 bis 15 Metern Tiefe und 11 Metern Breite ab 1963 das Stadtbild.[117] An den wichtigen Verkehrskreuzungen der Eschersheimer Landstraße bedeckten Stahlplatten die Baugrube, über die der Individualverkehr weiter rollen konnte.[118]

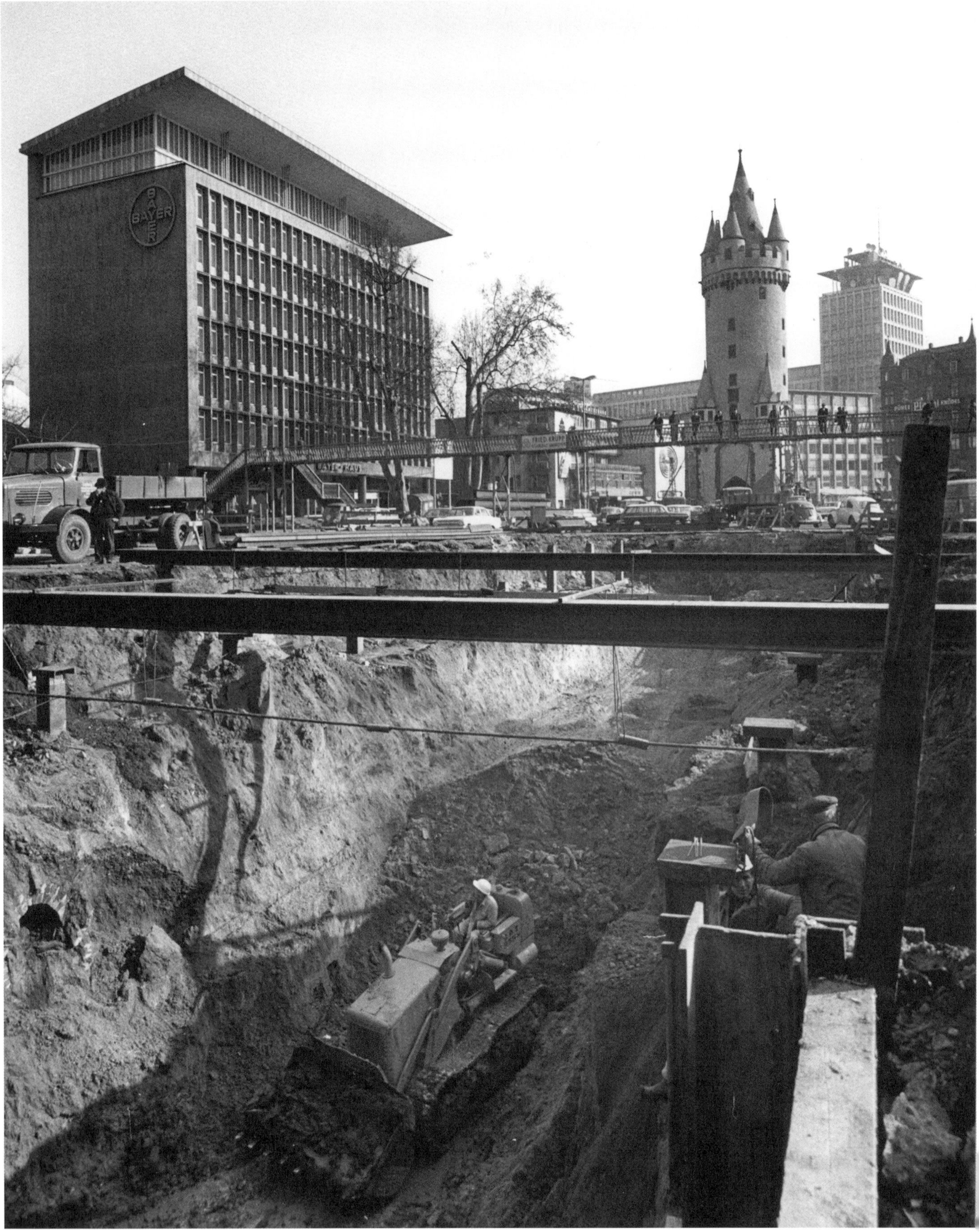
BAYER

Baugrube an der Hauptwache während der Zwischenlagerung, 1967

Um den unterirdischen Bahnhof an der Hauptwache in einem Zug errichten zu können, wurde die 1730 erbaute Hauptwache im Sommer 1965[122] abgetragen, im Stadtwald zwischengelagert und Stein für Stein wieder an ihren Ursprungsort zurückversetzt. Hierdurch erhielt sie ihr Walmdach und ihre Ornamentik zurück. Die neu entstandene B-Ebene bot Platz für Läden, Kioske, Imbisse, Verkaufsstellen, Schließfächer und Betriebsräume.[123]

Fußgängerüberweg am Eschenheimer Tor während des U-Bahn-Baus, Februar 1965

Für die Dauer der Bauarbeiten mussten Versorgungsleitungen provisorisch neu verlegt oder Ausweichbrücken für Fußgänger*innen geschaffen werden.[119] Schilder wiesen die Frankfurter*innen auf den Fortgang der Bautätigkeit hin.[120] Doch Lärm und ausbleibende Laufkundschaft machten den Anwohner*innen und Geschäftsinhaber*innen wenig Freude.[121]

Wiederaufgebaute Hauptwache bei der Eröffnungsfeier der U-Bahn, 4. Oktober 1968

Zur Eröffnungsfeier der Linie A1 kamen 10.000 Personen an die Hauptwache. Um 11 Uhr lenkte Verkehrsdezernent Walter Möller die erste rot-weiße Bahn in die Station ein. Danach fuhr sie zur Eröffnung des Nordwestzentrums. Die Frankfurter*innen nahmen das neue Verkehrsmittel begeistert auf. Am ersten Tag wollten 95.000 mit der U-Bahn fahren.[124]

Schlaglicht

DIE U-BAHN FÄHRT

Die Strecke der 1968 eröffneten Linie A1 verlief unterirdisch von der Hauptwache über die heutigen Stationen Eschersheimer Tor, Grüneburgweg, Holzhausenstraße und Miquel-/Adickesallee sowie oberirdisch über die Haltestellen Dornbusch, Fritz-Tarnow-Straße, Hügelstraße, Lindenbaum, Weißer Stein, Heddernheim, Zeilweg und Heddernheimer Landstraße zum Nordwestzentrum.[125] Die Bahnen benötigten für die Gesamtstrecke 19 Minuten und verkehrten in den Spitzenzeiten alle sieben bis acht Minuten, in den Abendstunden alle 20 Minuten.[126]

Die Einzelfahrt kostete seinerzeit 80 Pfennig, ein Gepäckstück je Stehplatz oder für Hunde und Kleintiere weitere 40 Pfennig je Fahrt. Sparen ließ sich mit den Mehrfachfahrkarten, die mit drei DM für fünf Fahrten für Erwachsene (Fahrgäste über 15) zu Buche schlugen. Die Fahrausweise mussten noch vor dem Betreten der Bahn gezogen und in entsprechenden Automaten entwertet werden,[127] denn Finanzmittelknappheit und Personalengpässe zwangen zum Verzicht auf Schaffner*innen und Streckenkontrollen. Stattdessen erfolgte die Überwachung an Bahnsteigen und Tunneln durch Kameras.[128]

Die U-Bahn-Stationen bestanden jeweils aus zwei Gleisen und 100 Meter langen und 2,50 Meter breiten Bahnsteigen mit Treppen und Verbindungsgängen zur Querung.[129] Zur schnellen Orientierung war jede Station mit emaillierten Stahlplatten in einer anderen Farbe verkleidet,[130] deren Gestaltung die Architekten Bader und Walter übernahmen, die siegreich aus einem engeren Wettbewerb zwischen vier Architekturbüros hervorgegangen waren.[131] Oberirdisch entstanden entlang der Eschersheimer Landstraße alle 600 Meter jeweils 100 Meter lange Haltestellen. Hierfür fielen 275 Bäume. Wie heute grenzte die Strecke ein Gitterzaun ab.[132]

Extra für Frankfurt wurde ein spezieller Zugtyp entwickelt – der sogenannte „U2", der für Tunnel- und Oberflächenbetrieb geeignet war.[133] Die Waggons fassten 230 Personen, davon 68 auf Sitzplätzen.[134] Zudem nutzten die Straßenbahnlinien 23 von Bonames nach Neu-Isenburg, 24 von Oberursel-Hohemark zum Hauptbahnhof und 25 von Bad Homburg zum Hauptbahnhof die U-Bahn-Strecke.[135] Erst seit 1971 verkehrten auf der Linie 25 U-Bahn-Wagen als A2 in Richtung Bad Homburg-Gonzenheim. Auf den nun A3 und A4 betitelten Linien 24 und 23 fuhren weiterhin Straßenbahnen.[136]

Der parallele Betrieb mit Straßenbahn- und U-Bahn-Wagen führte zu logistischen Herausforderungen: Die Bahnsteige wurden für den späteren Betrieb gebaut und so wurde das Gleisbett bis 1978 temporär um 24 Zentimeter aufgeschüttet. Um die unterschiedlichen Breiten der Fahrzeuge auszugleichen, wurden die schmaleren Wagen der Straßenbahn mit einer Verbreiterung ausgestattet, die der Volksmund „Blumenkasten" nannte.[137]

Streng genommen verkehrten erst seit 1978 U-Linien in Frankfurt. Mit Einführung der S-Bahn im Mai 1978 erhielten die zuvor A und B betitelten Linien nun den Buchstaben „U" als Kennung. Mit der ebenfalls auf U-Bahn-Betrieb umgestellten Verbindung nach Oberursel (U3) stellten auch die letzten Straßenbahnzüge ihren Dienst auf der Strecke ein.[138]

Bastelbogen der Hauptwache mit U-Bahn-Station und Wagen, 1968

Schlaglicht

ÖPNV-AUSBAU

Nach der U-Bahn folgte im April 1962 die nächste verkehrspolitische Weichenstellung: Die Deutsche Bahn bekundete ihr Interesse an einer Kooperation beim Nahverkehr und hiermit einer S-Bahn-Strecke unterhalb der Zeil.[139] Die Zusammenarbeit gestaltete sich zunächst schwierig, denn die Nutzung der unterirdischen Stadtbahnschienen war ausgeschlossen. Für die S-Bahn wollte die Deutsche Bahn eigene Standards entwickeln, Frankfurt aber mit dem Bau seiner Untergrundbahn nicht länger warten.[140]

Nach langwierigen Verhandlungen kam im Oktober 1968 schließlich zwischen der Deutschen Bundesbahn, der Stadt Frankfurt und dem Land Hessen ein Bau- und Finanzierungsvertrag zustande. Darin verpflichtete sich Frankfurt, 50 Prozent der Kosten der ersten Baustufe der S-Bahn zwischen Hauptbahnhof und Hauptwache und der Anbindung im Norden und Westen nach Friedberg, Bad Soden und Mainz mitzufinanzieren. Dies bedeutete eine Summe von 300 Millionen DM für den Bau des 6,2 Kilometer langen S-Bahn-Tunnels.[141] Wenig später begannen im Januar 1969 die Bauarbeiten am Hauptbahnhof. Seit ihrer Fertigstellung 1978 bringt die S-Bahn täglich Tausende Pendler*innen nach Frankfurt.[142]

In der Zwischenzeit hatte Frankfurt sein Untergrundnetz ausgebaut. Exakt drei Jahre nach dem ersten Rammschlag begannen am 28. Juni 1966 an der Vilbeler Straße und der Konrad-Adenauer-Straße die Arbeiten an der B-Strecke, die Bornheim und Preungesheim mit der Innenstadt verband.[143] Die Pläne für den Streckenverlauf erfuhren aus Kostengründen und aufgrund der Erfahrungen beim Bau der A-Strecke seit 1963 mehrmalige Änderungen.[144]

Der Verlauf der B-Strecke ließ nur eine bergmännische Tunnelbauweise unter den existierenden Gebäuden zu. Im ersten Schritt bohrten die Bauunternehmen Löcher in den Boden und ließen Bohrträger ein. Darauf folgte ein Tragring um den ausgehobenen Hohlraum. Das Gestein wurde ausgebrochen und dann die Tunnelröhre mit Spritzbeton erstellt.[145] Seit dem 26. Mai 1974 – auch der Gründungstag des FVV – verkehrte die B-Linie auf der Strecke zwischen Konstablerwache und Theaterplatz.[146] Der Anschluss von Preungesheim und Bornheim folgte 1978 und 1980.[147]

Fünf Jahre nach ihrer Eröffnung feierte die A-Linie 1973 ihre Verlängerung bis zum Theaterplatz (heute Willy-Brandt-Platz).[148] Der 1975 begonnene Tunnelbau nach Sachsenhausen sollte mit 327 Millionen DM ungefähr so viel wie der komplette Innenstadttunnel ein Jahrzehnt zuvor kosten. Erst 1984 eröffnete die Strecke zum Südbahnhof.[149]

Blick auf die fertiggestellte Nordweststadt, 1971

Die Nordweststadt erhielt ihren Namen aufgrund ihrer Lage zwischen Niederursel, Heddernheim und Praunheim.[167] Ursprünglich diente die Bezeichnung nur als Arbeitstitel und der Stadtteil sollte nach seiner Fertigstellung den Namen „Nida" nach der römischen Siedlung tragen. Doch das große Engagement der Frankfurter Verwaltung für das Vorhaben ließ den Projekttitel schließlich zur dauerhaften Bezeichnung werden.[168]

Wohnsiedlung auf der grünen Wiese: Die Nordweststadt

Die Herausforderungen Frankfurts glichen Anfang der 1960er Jahre den heutigen: Die Stadt wuchs Jahr um Jahr, Zugezogene suchten eine Bleibe, Familien eine größere Wohnung, Alteingesessene ein Eigenheim. Doch Wohnraum war Mangelware. Abhilfe schaffen sollte eine Großsiedlung im Nordwesten Frankfurts.[150]

Die Idee reichte ins Jahr 1955 zurück.[151] In den folgenden Jahren trieb Stadtbaurat Hans Kampffmeyer das Projekt maßgeblich voran.[152] Er modifizierte die Ursprungsplanung am Niederurseler Hang und entwarf zusammen mit seinem Mitarbeiter Erhard Weiss eine Siedlung zwischen Praunheim, Niederursel, Heddernheim und Römerstadt für 25.000 Menschen.[153] Politisch fand Kampffmeyers Vorlage 1959 bei allen Fraktionen Zustimmung.[154]

Die architektonische und stadtplanerische Gestaltung sollte ein 1959 ausgelobter bundesweiter Wettbewerb bringen. Trotz 66 Einreichungen kürte die Jury um Ernst May keinen Sieger.[155] Kampffmeyer präferierte den mit dem dritten Preis ausgezeichneten Vorschlag von Walter Schwagenscheidt und Tassilo Sittmann, die auch den Zuschlag erhielten.[156]

In den Planungen nahm die Verkehrslenkung eine zentrale Rolle ein. Die wenigen Arbeitsplätze in der Nordweststadt führten zwangsläufig zu großen Pendlerströmen – lagen doch die Arbeits- und Produktionsstätten weiterhin im Stadtzentrum. Die Lösung des Problems sah Schwagenscheidt im Anschluss an das U-Bahn-Netz und im Bau einer neuen Straße ins Stadtzentrum (die heutige Rosa-Luxemburg-Straße).[157] Fußgänger*innen und Verkehr trennte er strikt voneinander. Den Automobilverkehr lenkte er über schleifenartige Sammelstraßen, während die Fußgänger*innen durch ein Netz von Brücken und Tunneln ihr Ziel erreichten. Änderungen an seiner Idee nahm das Stadtplanungsamt vor, indem es den Großteil der Parkplätze unter die Erde verlagerte.[158] Die Wohnhäuser setzte Schwagenscheidt bewusst von den Straßen zurück.[159]

Die Zahl der erbauten Wohnungen belief sich auf 7.005. Hiervon errichteten 90 Prozent die Nassauische Heimstätte, die Gewobag/Neue Heimat Hessen und die Aktiengesellschaft für kleine Wohnungen im Sozialen Wohnungsbau. Der Rest verteilte sich auf kleinere Baugesellschaften wie die AG Hellerhof, die Gewerbebauträger GmbH und Privatinvestoren. Die Hälfte der Wohnungen waren Dreizimmerapartments, ein Viertel Zweizimmerwohnungen. Hinzu kamen gut 600 Eigenheime.[160]

Außerdem umfasste das Gesamtprojekt drei Studentenwohnheime, zwei Altersheime, ein Hauptzentrum, drei Nebenzentren mit Läden und Ärzten, drei evangelische und zwei katholische Kirchen und Kindergärten, vier städtische Kindergärten, ein Fernheiz- und Kraftwerk mit Müllverbrennungsanlage, öffentliche Einrichtungen, Sportplätze, Turnhallen und Schwimmbäder sowie drei Volksschulen und mit der Ernst-Reuter-Schule die erste städtische Gesamtschule.[161] Mit dem 1968 in Betrieb genommenen Müllheizkraftwerk löste Frankfurt zudem sein Abfallproblem von seinerzeit täglich 550 Tonnen und das der umliegenden Gemeinden. Die drei Turbinen im Kraftwerk produzierten ausreichend Wärme und Strom für die Versorgung der 7.000 Wohnungen.[162]

Die Frage der Gestaltung des Hauptzentrums – des heutigen Nordwestzentrums – löste ein Wettbewerb. Hieraus ging die Architektengemeinschaft Apel, Beckert und Becker 1962 siegreich hervor.[163] Seinerzeit handelte es sich nicht um ein Einkaufs-, sondern um ein Stadtteilzentrum mit Raum für Kultur, Erholung und Volksbildung. Auf vier Ebenen verteilt befanden sich Parkplätze, U-Bahn- und Busbahnhöfe, zwei höhere Fachschulen des Landes Hessen, Ärztezentrum, Bürgergemeinschaftshaus, Sozialstation, Kindergarten, Jugendclub, Hallenbad, Postamt, Einwohnermeldeamt, Stadtbücherei, Polizeirevier, Feuerwehrstation, Büro- und Lagerräume sowie 75 Groß- und Kleingeschäfte und 175 Wohnungen in fünf Wohntürmen über den Geschäften.[164]

Die 1972 fertiggestellte Nordweststadt und ihre Zentren erfüllten viele der an sie gestellten Hoffnungen nicht: Manche sehen sie als gelungenes Experiment, andere kritisieren die „Gleichförmigkeit der Bauten".[165] Doch eine Stadtviertelatmosphäre ließ sich nicht schaffen. Insgesamt kämpften die Neubausiedlungen der 1960er Jahre schnell mit ihrem schlechten Image. Die Wohnungen glänzten mit moderner Ausstattung wie Balkon, Badewanne und Einbauküche, warteten aber meist viele Jahre auf ihre Anbindung an den ÖPNV und befanden sich häufig in Wohnhochhäusern im nackten Betonstil.[166]

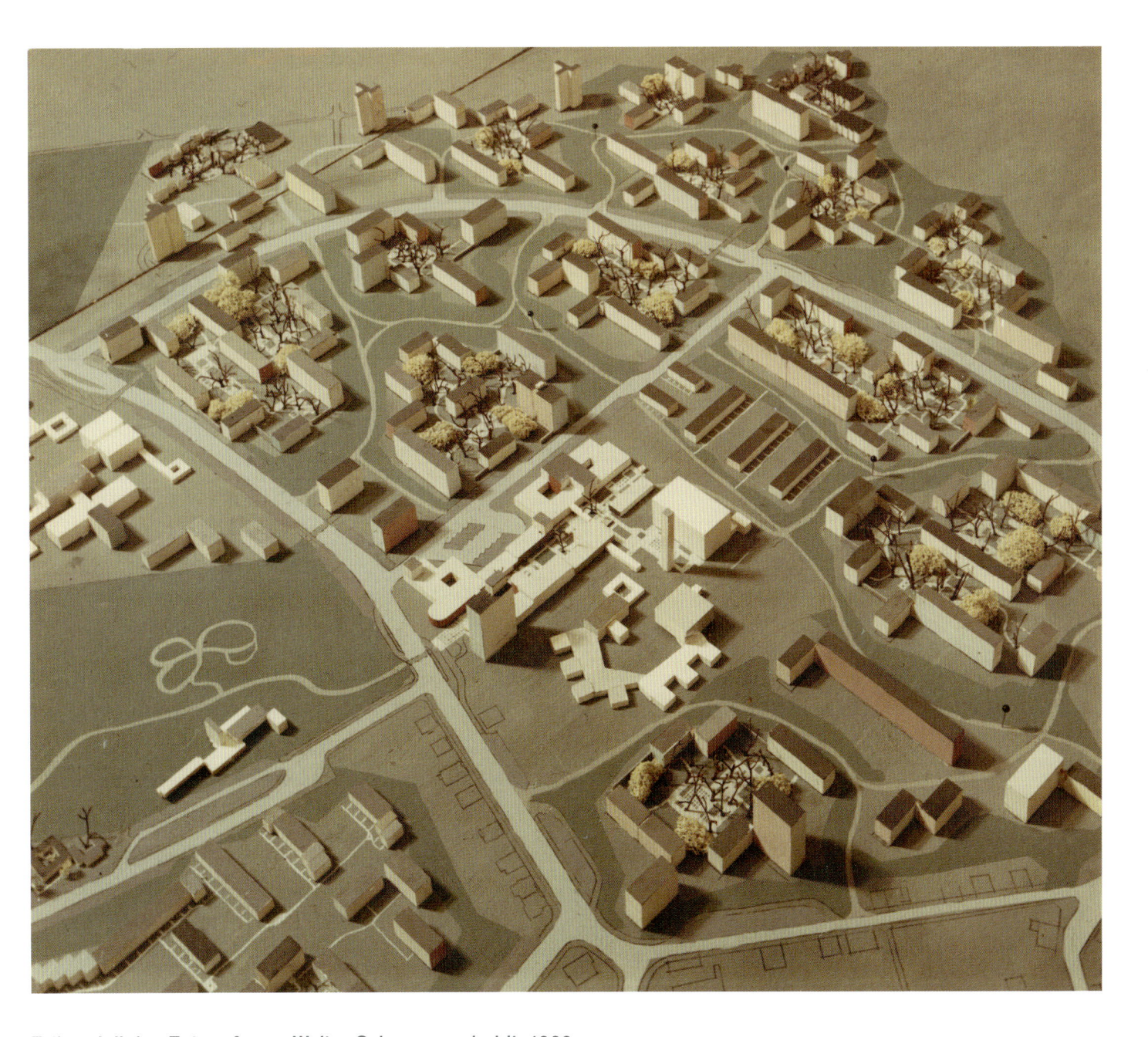

Teilmodell des Entwurfs von Walter Schwagenscheidt, 1960

Schwagenscheidt verfolgte mit seinem Entwurf sein in den 1920er Jahren erdachtes Konzept der Raumstadt weiter, indem er räumliche Gruppen bildete, die sich wie Zellen zu größeren Teilen zusammenfügten.[169] Zeilenbauweise und Blockbebauung lehnte er ab. Ihm schwebte eine lockere, der Sonne nach ausgerichtete Anordnung der unterschiedlich hohen Gebäudekörper inmitten von Grünanlagen vor.[170]

Die Nordweststadt im Bau, Ecke Niederurseler Landstraße 156, um 1962

Nach dem Beginn der Bauarbeiten am 7. Juli 1961 zogen 14 Monate später die ersten Mieter*innen in 130 Wohnungen ein.[171] Sie kämpften mit schlammigen Wegen, fehlenden Straßen und Busverbindungen.[172] Ihren Abschluss fanden die Bauarbeiten 1972.[173] Die Bewohner*innen der Nordweststadt kamen zu 80 Prozent aus anderen Frankfurter Stadtteilen und zu 20 Prozent von außerhalb.[174]

Im Hammarskjöldring sprießen Brücken und Wohnhochhäuser in den Himmel, 1964
Schwagenscheidt und die ausführenden Architekt*innen planten Wohnbauten mit drei bis 14 Geschossen und verschiedenen Wohnungsgrößen sowie Einfamilienhäuser.[175] Doch die Wohnungen folgten den Vorgaben des sozialen Wohnungsbaus hinsichtlich Größe und Raumfolgen. Wenig Abwechslung und Individualität sowie kaum Unterschiede in Anordnung und Nutzung der Räume waren die Folgen.[176]

Wohn- und Verkehrsrealität im Hammarskjöldring nach der Fertigstellung, 1969
Schwagenscheidts von Verkehrsaspekten dominierter Entwurf sah 4.000 PKW-Parkplätze vor.[177] Realisiert wurden 39 Tiefgaragen mit 2.703 Plätzen und 800 Straßenparkplätze.[178] Doch Ende der 1960er Jahre lag die Auslastung der mit Mietkosten behafteten Tiefgaragenplätze bei nur 60 Prozent. Der Zwang, einen Stellplatz zu mieten, bestand noch nicht. So parkten die Mieter*innen lieber kostenfrei oberirdisch.[179]

Feierliche Eröffnung des Nordwestzentrums, 4. Oktober 1968

Das Nordwestzentrum verlor schnell an Attraktivität und erfüllte seine Funktion als Mittel- und Treffpunkt des Stadtteils nicht. 15 Jahre nach der Eröffnung waren Leerstand, Kriminalität, Verwahrlosung, Fluktuation und Verödung die großen zu bewältigenden Probleme. Die Folge: Verkauf durch den Investor 1985 und Wiedereröffnung nach vierjährigen Umbauarbeiten als reines Einkaufszentrum mit Passagen und Galerien. Fortan war der ursprünglich freie Platz überdacht.[180]

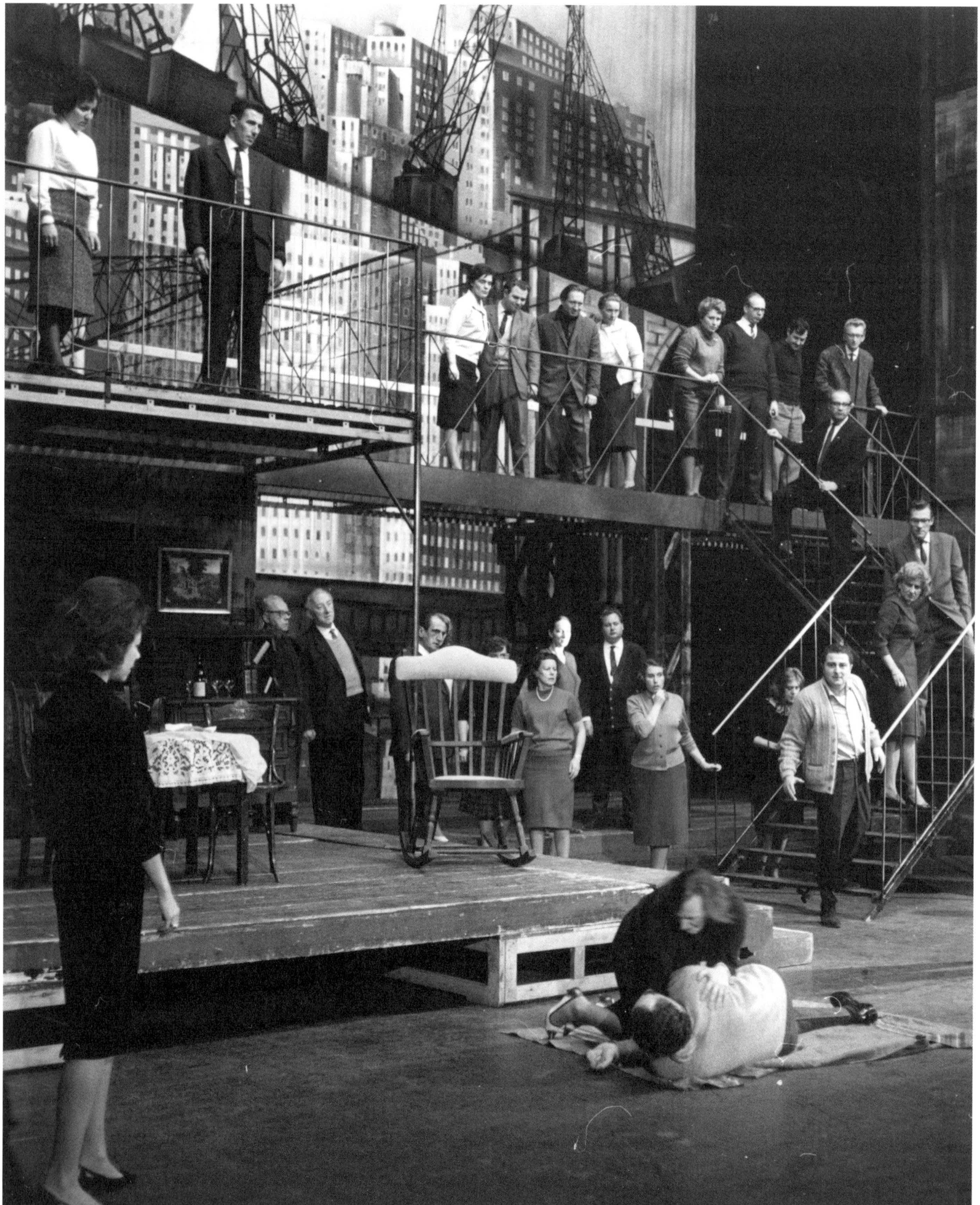

Moderne Inszenierungen:
Politisches Theater, kritisches Publikum

Schauspiel und Oper setzten zunächst durch den großzügigen Theaterneubau Zeichen. Die am 14. Dezember 1963 eröffnete Theaterdoppelanlage mit zwei getrennten Bühnen samt dem Kammerspiel an der Rückseite ersetzte die Überreste des wiederaufgebauten Schauspielhauses.

Einen prägenden Einschnitt für das Theaterprogramm hinterließ der Abschied von Harry Buckwitz 1968 nach 18-jährigem Wirken in Frankfurt. Unter ihm inszenierten die Ensemble Werke der Klassik, Klassischen Moderne und der Gegenwart, so u.a. von Shakespeare, Goethe, Schiller, Kleist, Zuckmayer, Beckett, Dürrenmatt, Frisch, Müller, Hacks, Walser oder Brecht.

Die jüngere Generation kritisierte Buckwitz' Stil als antiquiert und wünschte sich mehr gesellschaftskritisches Theater wie im Theater am Turm (TAT), während ihn die Diskussionen mit dem konservativen Publikum ob der Brecht-Inszenierungen ebenso zermürbten wie die 1967 beschlossenen Haushaltskürzungen. Ihm folgte Ulrich Erfurth nach, dessen Vertrag 1972 nicht verlängert wurde. Die Kritiker bemängelten, Frankfurt sei unter ihm im Mittelmaß versunken.[181]

Auch das Musiktheater bot eine Mischung aus klassischen und modernen Opernaufführungen von Mozart, Strauss, Ravel und Verdi oder Operetten wie „Wiener Blut", „Die Fledermaus" oder „Der Bettelstudent". Die kleinste Sparte stellte das Ballett mit rund 25 jährlichen Aufführungen mit wechselndem Zuspruch dar.[182] Zudem bereicherten kleinere Privattheater die Theaterlandschaft wie das 1955 gegründete Kleine Theater im Zoo (heutiges Fritz-Rémond-Theater), die 1963 neben dem Schauspiel eröffnete Komödie oder das TAT.[183]

Das TAT verstand sich als politisches Theater mit künstlerischen Experimenten. Überregionalen Erfolg erreichte es erstmals 1966 mit der Aufführung von Peter Handkes „Publikumsbeschimpfung" unter der Regie von Claus Peymann. Das Stück überschritt die Grenzen zwischen Bühne und Zuschauer*in. Weitere große Erfolge waren die ebenfalls von Peymann inszenierten Handke-Stücke „Kaspar" 1968 und „Das Mündel will Vormund" 1969.[184]

Szene aus „Ein Blick von der Brücke", 1962/63
In deutscher Erstaufführung spielte die Oper Frankfurt Arthur Millers Stück mit einem Bühnenbild von Hein Heckroth. Sogar Regisseur Alfred Hitchcock schätzte den Ausstattungschef der Städtischen Bühnen. Heckroth hatte als Kostümbildner und Filmdesigner von „Die roten Schuhe" 1949 einen Oscar in der Kategorie „Best Art Direction (Color)" erhalten.[185]

Szene aus „Publikumsbeschimpfung" mit Claus Dieter Reents, Michael Gruner, Ulrich Hass und Rüdiger Vogler, 8. Juni 1966

Peter Handkes Sprechstück sorgte beim Publikum für zwiespältige Reaktionen. Manche liebten den direkten Dialog der Schauspieler mit dem Publikum, andere stürmten die Bühne, Eier und Tomaten flogen. Die Presse feierte das Stück: „Dennoch war es ein Optimum, in seiner Art für mich die wichtigste Veranstaltung in dieser Spielzeit", schrieb der begeisterte Redakteur von „Theater heute".[186]

Schlaglicht

DAS TAT (THEATER AM TURM)

Mit dem TAT schloss 2004 eine in der zweiten Hälfte der 1960er Jahre über die Frankfurter Stadtgrenzen hinaus für ihre zeitkritischen, politischen und innovativen Inszenierungen bekannte Institution ihre Pforten.[187] Sie war 1953 als Landesbühne Rhein-Main neu gegründet worden und agierte anfangs als Wanderbühne. Eine Spielstätte fand das Landestheater zunächst in Räumlichkeiten des wiederaufgebauten Volksbildungsheims (heute Metropolis-Kino) und 1963 eine eigene Spielstätte gleich nebenan mit einem Saal für 500 Personen. Der Theatersaal erhielt wegen seiner Nähe zum Eschenheimer Turm die Bezeichnung „Theater am Turm".[188]

Das Programm setzte sich meist aus Klassikern mit sozial- und gesellschaftskritischen Themen zusammen, so wurden häufig Goethes „Iphigenie auf Tauris", Komödien von Shakespeare oder Zeitstücke wie Arthur Millers „Alle meine Söhne" und dazu viel seichtes Boulevardtheater sowie Stücke in hessischer Mundart gespielt. Doch das künstlerische Niveau ließ sich zunächst als gering einstufen. Der Neuanfang begann unter dem jungen Intendanten Felix Müller ab 1965.[189]

Mit Müller erlebte das TAT einen Qualitätssprung zum politischen Theater mit künstlerischen Experimenten. Hierzu verringerte Müller die Zahl an Aufführungen und lotste mit Claus Peymann als Regisseur und späterem Intendanten sowie mit Wolfgang Wiens als Dramaturgen zwei junge, innovative Theatermacher ans TAT. Fortan verzichtete das TAT auf Klassiker und Boulevardtheater. Ihren Platz im Spielplan nahmen gesellschaftskritische Lustspiele und Komödien wie Goethes „Die Mitschuldigen", Martin Walsers „Der Schwarze Schwan", Heiner Kipphardts „Der Hund des Generals" oder Bertold Brechts Interpretation von „Antigone" ein.[190]

Überregionalen Erfolg erreichte das TAT erstmals 1966 mit der von Peymann inszenierten Aufführung von Peter Handkes „Publikumsbeschimpfung". Das Stück überschritt die Grenzen zwischen Bühne und Zuschauer*in. Weitere große Erfolge waren die ebenfalls von Peymann auf die Bühne gebrachten Handke-Stücke „Kaspar" 1968 und „Das Mündel will Vormund" 1969. Es war eine kurze Phase des Erfolgs, denn Peymann und Wiens verließen das TAT bereits 1969 wieder, Müller kurze Zeit später.[191] Monatlich 56 Vorstellungen in Frankfurt und dem Umland waren der TAT-Leitung für ein durchschnittliches Monatseinkommen von 700 DM schlussendlich zu wenig.[192]

Doch das TAT hatte Spuren hinterlassen. Es verstand sich schon vor 1968 als Teil einer kritischen Öffentlichkeit. Hier stellten seit 1967 in monatlichen Lesungen junge Dramatiker*innen ihre Stücke vor und zur Diskussion. Zudem fanden sich im Programm Vorträge und Diskussionen, etwa über die filmische Umsetzung wie im Falle des Auschwitzprozesses in „Die Ermittlung" von Peter Weiss, wieder. Das TAT war damit Ausdruck einer neuen Theaterkultur, die die gesellschaftlichen Fragen wie Generationenkonflikt, Bildungskrise, Vietnamkrieg und Faschismusdebatte thematisierte und damit Teil der kritischen Gegenöffentlichkeit wurde.[193]

Protestaktion der Satire-Zeitschrift „pardon" gegen den Schah von Persien, 1967
Chlodwig Poth, Hans Traxler, Robert Gernhardt, F. W. Bernstein, F. K. Waechter, Peter Knorr, Bernd Eilert und Eckhard Henscheid gründeten 1962 eine Zeichner- und Autorengruppe, die als „Neue Frankfurter Schule" Furore machte. Die Macher wollten Komik und Aufklärung kombinieren, indem sie die Kritische Theorie durch Cartoon, Zeichenstrip, Satire oder Nonsenspoesie fortführten. Sie schufen zunächst das Satireblatt „pardon", dem 1979 das „titanic"-Magazin nachfolgte.[194]

Frankfurts Kinoprogramm 1967: Western und James Bond, Aufklärungsfilme und Thriller
Der Siegeszug des Fernsehens bedeutete für das Kino eine existentielle Krise. Die Besucherzahlen der Frankfurter Lichtspielhäuser brachen von 11 Millionen im Jahr 1960 auf 3,6 Millionen 1969 ein. Lange Schlangen vor den Kinokassen bildeten sich nur noch bei Monumentalfilmen wie „Cleopatra" und „Doktor Schiwago" oder bei den James-Bond-Filmen mit Sean Connery.[195]

Filme der Woche
27.10. – 2.11. — **27.10. – 2.11.**

Das populärste Film-Ehepaar in der berühmtesten Ehekomödie der Weltliteratur
ELIZABETH TAYLOR / RICHARD BURTON
Der Widerspenstigen Zähmung
Ein FARBFILM der Columbia/Bavaria
Bis Montag
AUTOKINO GRAVENBRUCH
Telefon: 607/5500 — Täglich 20:30

FRANK SINATRA
Der Mann am Draht
Ein ungewöhnlicher Thriller, der unter die Haut geht
WB FARBFILM
13:15 / 15:45 / 18:15 / 20:45
TURMPALAST am Eschenheimer Turm
TELEFON 28 17 87

KINO
Auf Thunfischfang
CinemaScope-Farbfilm

Kennen Sie unser Preisausschreiben?
DM 2000.– sind zu gewinnen. Näheres erfahren Sie an der Kinokasse

Die lustigen Weiber von Windsor
MGM-Orchester in CinemaScope

Tom & Jerry
Einer stört immer

IM HAUPTBAHNHOF — 9–24 Uhr — Einlaß jederzeit — Erwachsene DM 1.–

20th Century-Fox u. JOSEPH E. LEVINE'S FILM
SHIRLEY MacLAINE · ALAN ARKIN · VITTORIO DE SICA'S · ROSSANO BRAZZI · MICHAEL CAINE · VITTORIO GASSMAN · PETER SELLERS
Siebenmal lockt das Weib

So herrlich frivol, so frech und laut, kann nur eine sein
Shirley MacLaine das »Enfant terrible« der Leinwand in
Siebenmal lockt das Weib
Unglaublich! – Ihre Beine beginnen schon bei den Schultern!

3. Woche — **CINEMA** An der Hauptwache — Telefon 28 29 33
13:15 / 15:45 / 18:15 / 20:45
Sonntag, 11 Uhr: Die Reise zum Mittelpunkt der Erde — 4-Kanal-Magnetton

---

Hansa
Kaiserstraße 50 – Tel. 232110
Fr. u. Sa. 12, 14, 16, 18, 20, 22 Uhr
So. bis Do. 12:50, 14:30, 16:30, 18:30, 20:30

Roxy
Vilbeler Str. 29 – Tel. 28 37 67
Täglich 13, 15, 17, 19, 21 Uhr
Freitag u. Samstag auch 23 Uhr

Bis Montag:
Ein Western voller Härte, Dramatik und Rasanz!
GUN MAN – REGIE: ROBERT WISE
Mit Colt und Fäusten im Kampf gegen eine Übermacht!
NACHT IN DER PRÄRIE

Ab Dienstag: Blutiger Terror der Barbarenhorden
BRENNO DER HERR DES SCHRECKENS
Gewaltige Reiterschlachten — Grauen und Tod über Rom

Sonntag, 5. Nov. vorm. 10:00 MATINEE
Wiederaufführung
MARIO LANZA — Kuß um Mitternacht
Freigegeben ab 12 Jahren

MGM THEATER
Zeil-Schäfergasse 10 – Tel. 28 78 74 / 28 65 07
10:45, 13:15, 15:45, 18:15, 20:45 — Samstag auch 23:15

Gehetzt, verfemt, bewundert, gefürchtet: **Der Panther von Arizona!**
HONDO
Ralph TAEGER · Kathie BROWNE · Michael RENNIE · Noah BEERY · Gary CLARKE · Randy BOONE · Gary Merrill · John Smith · Robert Taylor
METROCOLOR — MGM

DAZU EIN TOM UND JERRY | FREIGEGEBEN AB 12 JAHREN

Kaiser
Kaiserstraße 54 – Tel. 237840
Tägl. 10:30, 12:30, 14:30, 16:30, 18:45, 20:45
Sonn- und feiertags ab 12:30 Uhr

2. Woche — Deutsche Erstaufführung
Das süße Leben junger Mädchen
Ein Film von MAX PÉCAS
GEISSELN DER EROTIK
Regie: MAX PÉCAS – mit Marie-Christine Wuill, Claude Cernai, Vera Valmont, Pierre Tissot, Milanka Nervi
Die nicht alltäglichen Sex-Erlebnisse eines Fotomodells

Im KAISER: Freitag, Samstag und Sonntag je 22:45 Uhr — 7. Woche — **Seitenstraßen der Prostitution**

Scala
Schäfergasse 29 – Tel. 28 25 38
Täglich 11, 13, 15, 17, 19, 21 Uhr
Sonn- und feiertags ab 12 Uhr
Freitag u. Samstag auch 23 Uhr

Bis Montag: ERSTAUFFÜHRUNG
Tödliche Abenteuer am Schwarzen Meer
Der schwarze Skorpion
Ein Farbfilm mit Lang Jeffries, Helga Line

Ab Dienstag: Schmuggler-Krieg im Opium-Dschungel
Mohn ist auch eine Blume
Ein Agenten-Farbfilm mit Trevor Howard

Dean Martin – George Peppard – Jean Simmons
als Jim Dolan kam...
Ein Western wie ein Blitzschlag!
Ein Farbfilm mit John McIntire, Slim Pickens, Don Galloway

Robert Mitchum – Robert Preston – Walter Brennan
GUN MAN
Dramatik – Härte – Rasanz!
C.S.-FILMVERLEIH — Regie: Robert Wise

EUROPA An der Hauptwache – Tel. 28 52 05
11:00 / 13:15 / 15:45 / 18:15 / 20:45
Sonntag ab 10:30 Uhr

BIS MONTAG — HANSA Kaiserstraße 50 – Telefon 232110
Fr. u. Sa. 12, 14, 16, 18, 20, 22 — So. bis Do. 12:30, 14:30, 16:30, 18:30, 20:30 Uhr

BIS MONTAG — ROXY Vilbeler Str. 29 – Tel. 28 37 67
13:00 / 15:00 / 17:00 / 19:00 / 21:00 — Fr. u. Sa. auch 23:00

Familie Hesselbach: TV-Aufnahme mit Lia Wöhr (l.), Liesel Christ und Wolf Schmidt

Am 22. Januar 1960 flimmerte eine erfolgreiche Radioadaption erstmals über die hessischen Fernseher: „Das Dokument" machte den Auftakt zu insgesamt 42 Hesselbach-Folgen bis 1963. Im Gegensatz zur Radioserie stand im TV zunächst die Firma im Vordergrund, erst in späteren Episoden das Privatleben. 1963 folgte ein abruptes Ende. Wolf Schmidt – Autor, Hauptdarsteller und zusammen mit Harald Schäfer Co-Regisseur – wollte sich vom Image der Hesselbachs lösen. Doch seine Ideen floppten, ebenso ein 1966 versuchter Neustart der Serie.[196]

Siegeszug des Fernsehens: Couch statt Kinosessel

Neben Theater und Oper war das Kino das führende Unterhaltungsmedium der 1950er Jahre gewesen. Ein Jahrzehnt später kämpften die Kinobetreiber*innen angesichts des Siegeszugs des Fernsehens mit einbrechenden Zuschauerzahlen. Sinkende Anschaffungspreise, ein größeres Programmangebot durch neue Sender und die Einführung des Farbfernsehens 1967 sprachen für die eigenen vier Wände und gegen den Kinosessel. Für die Deutschen waren nun „Fernsehen, Filzlatschen, Flaschenbier" vorherrschend.[197]

Standen 1957 gerade einmal eine Million Geräte in deutschen Wohnzimmern, verfügten 1970 drei Viertel der Haushalte über eines der 15 Millionen Empfangsgeräte.[198] Gleichzeitig ließ die Qualität von Kinofilmen nach und das Fernsehen setzte auf aktuelle Berichterstattung und Eigenproduktionen.[199] Andere Massenmedien wie Zeitungen, Illustrierte, Radio oder Buch konnten sich hingegen im Wettbewerb mit dem Fernsehen behaupten.[200]

Im allgemeinen Bedürfnis nach mehr Information brachte das Fernsehen die Öffentlichkeit in bisher unbekanntem Maße und mit ungeahnter Visualität in die privaten Räume.[201] Nach der ARD 1952 startete das ZDF am 1. April 1963 von Eschborn aus und sendete später aus Mainz. 1964 gingen der Bayerische und der Hessische Rundfunk als erste der Dritten Programme an den Start und ergänzten das Programm um eine lokale Komponente. Die ARD galt als eher linksliberal geprägt, das ZDF als eher konservativ. Bei der Programmgestaltung setzte die ARD auf kritische Informationsmagazine wie Panorama, Report oder Monitor, das ZDF setzte das „ZDF-Magazin" dagegen. Als Erstquelle für Informationen etablierte sich die Tagesschau.[202]

Großen Zuschauerzuspruch verbuchten Quizsendungen wie „Einer wird gewinnen" mit Hans-Joachim Kulenkampff oder „Hätten sie's gewusst?", Unterhaltungsshows wie „Spiel ohne Grenzen" mit Teilnehmer*innen aus Europa gemäß des europäischen Gedankens, das Beruferaten „Was bin ich?" mit Robert Lembke, „Der blaue Bock", die Hesselbach-Serie oder auch Musiksendungen wie „Beatclub" oder „Hitparade des ZDF" sowie Krimireihen wie „Kommissar" oder „Tatort".[203] In den Kinos dominierten Krimi-Reihen – wie Edgar Wallace, Kommissar X, Jerry Cotton oder Dr. Mabuse –, Lümmel- und Paukerfilme sowie die Schulmädchen- und Hausfrauen-Reports.[204]

Wunschtraum einer ganzen Generation: ein Farbfernseher, 1. Dezember 1970
Mit dem Farbfernsehen begann 1967 eine neue Ära. Dies führte im Programm zu „Bunten Abenden" und bei den Konsumenten zum Kauf eines neuen Gerätes. Lag der Preis anfangs bei 2.500 DM, sanken die Angebote im Preiskrieg schnell auf 1.500 DM. Immer noch eine stolze Summe, denn ein Käfer kostete damals 5.000 DM.[205]

Filmregisseur Alfred Hitchcock zu Besuch in Frankfurt, 3. Juni 1964
Hitchcock schuf mit „Psycho" (1960) oder „Die Vögel" (1963) filmische Meisterwerke. Seine enge Beziehung zu Frankfurt ist in mindestens neun Besuchen dokumentiert: Mal reiste er wie 1960 zur Premiere von „Psycho" im Turmpalast offiziell an, mal bewegte er sich wie 1968 inkognito in Frankfurts U-Bahn, um fern der Dreharbeiten zu seinem Thriller „Topaz" in Wiesbaden nachdenken zu können.[206]

75

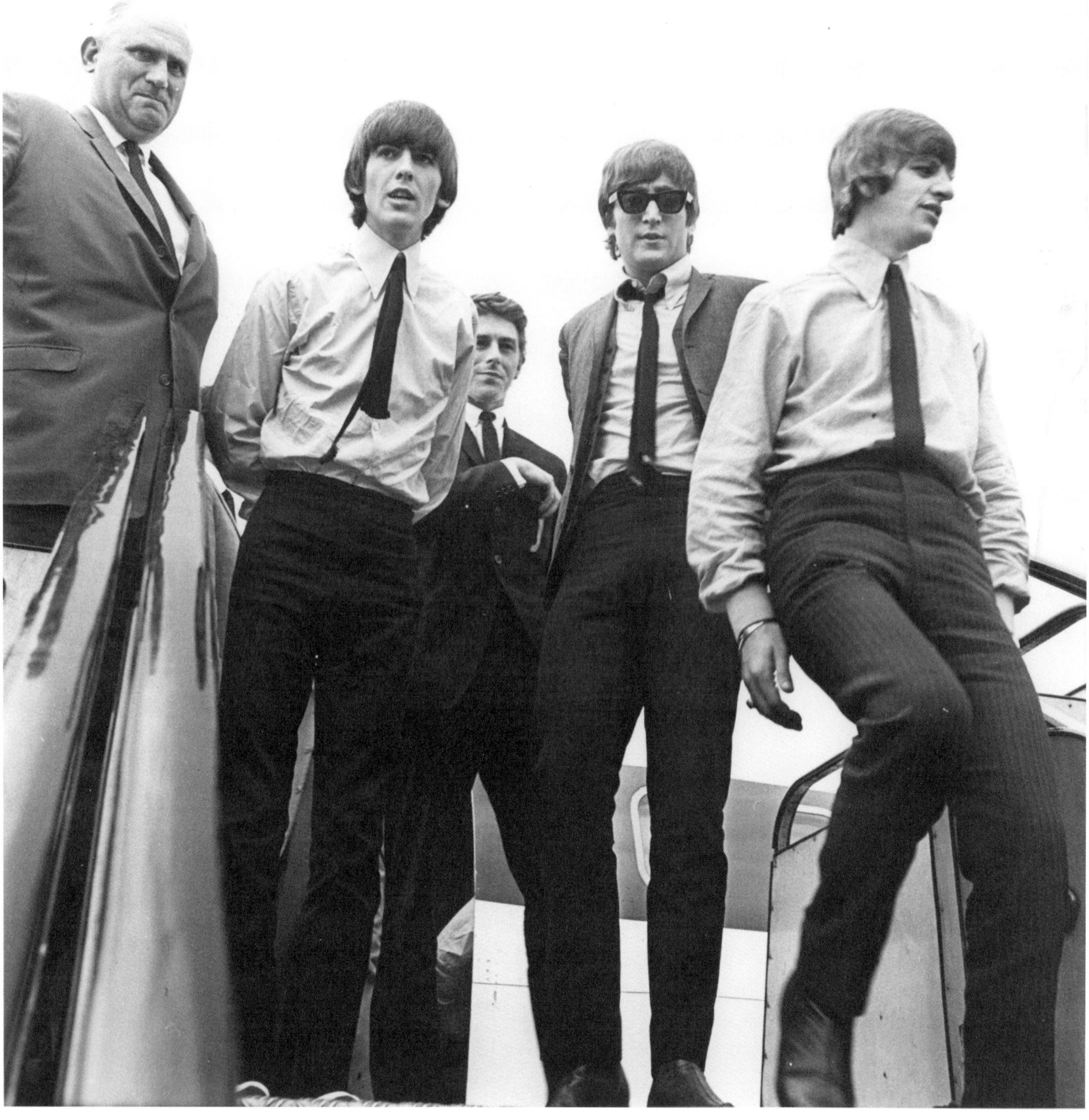

Frankfurts Musikszene: Jazz, Beat und Schlager

Frankfurt zeigte sich als musikalisch abwechslungsreiche Stadt. Seit den 1950er Jahren sorgten Jazz-Größen wie Albert und Emil Mangelsdorff, Heinz Sauer u.a. sowie das Deutsche Jazzfestival international für den guten Ruf und brachten ihr den Titel „Jazz-Hauptstadt der Republik" ein.

Musikalisch prägten die 1960er Jahre britisch-amerikanische Pop- und Rockbands und Künstler*innen wie The Beatles, The Doors, The Rolling Stones, Jimi Hendrix oder Joan Baez. Aber auch einheimische Interpret*innen wie Hildegard Knef, Udo Jürgens, Freddy Quinn, Peter Kraus, Rex Gildo, Heintje oder Ernst Mosch und seine Original Egerländer Musikanten erfreuten sich großer Beliebtheit.[207]

Der Konzertveranstalter Horst Lippmann und sein Tourneeleiter Fritz Rau gründeten 1964 die in Frankfurt ansässige Agentur Lippmann + Rau, die Jazz- und Bluesmusiker*innen und zunehmend auch internationale Rockstars nach Frankfurt und in die Bundesrepublik brachte. Mit dem American Folk Blues Festival etablierten sie 1962 bis 1982 eine Konzertreihe für Musikliebhaber*innen dieser Sparten.[208]

Auf dem Höhepunkt der Beatlemania entwickelte sich in Frankfurt seit 1963 eine lebendige Beatszene. Mehr als 50 Bands coverten in den Clubs im Bahnhofsviertel – wie dem „St. Pauli" in der Münchner Straße, dem „K52" und dem „Weindorf" in der Kaiserstraße – die Lieder ihrer Idole. Nur die wenigsten erreichten wie The Rangers – mit dem heutigen Konzertveranstalter Marek Lieberberg am Gesang – oder The Cheats – die den Bandwettbewerb „Beat-Parade" 1965 gewannen – größere Bekanntheit.[209] Auch der hr sendete seit 1966 mit „Beat! Beat! Beat!" ein entsprechendes Musikformat mit Livebands.[210]

Manche Beatmusiker – wie The Raves-Sänger und -Gitarrist Volker Burkhardt unter seinem Künstlernamen Mark Ellis – eroberten später den Schlager. Sein Bandkollege und Pianist Erich Ließmann gilt heute unter seinem Pseudonym Jean Frankfurter als einer der profiliertesten Komponisten des deutschsprachigen Schlagers mit Autorenbeteiligungen bei Nicole, den Flippers oder Helene Fischer.[211]

Psychedelische Musik und Cover verbreiteten sich ebenso wie Haschpfeifen, LSD und Marihuana.[212] Für Jugendliche galt die eigene Stereoanlage als wichtiges Statussymbol. Festivals wie Woodstock 1969 oder die Uraufführung von „Hair" 1969 in Frankfurt beeinflussten eine ganze Generation.[213]

The Beatles bei ihrem Zwischenstopp auf dem Frankfurter Flughafen, 2. Juli 1964
In der Bundesrepublik spielten die „Fab Four" während ihrer Tourneen zwischen 1960 und 1966 nur in München, Essen und Hamburg. Frankfurt blieb allein die Rolle des Verkehrskreuzes. Bei einem Zwischenstopp am Main auf der Reise von Australien nach London begrüßten 200 – meist weibliche – Fans die Rockstars mit „We love Beatles"-Schildern.[214]

Joan Baez bei der Ostermarsch-Kundgebung, 11. April 1966
Das Frankfurter Duo Christopher & Michael sang gemeinsam mit Baez ihr Stück „We Shall Overcome" und Dylans „The Times They Are A-Changin'". Die beiden Liedermacher Christopher Sommerkorn und Michael de la Fontaine veröffentlichten 1966 und 1967 drei von der Frankfurter Plattenfirma CBS vertriebene Frühwerke der deutschen Liedermacher-Szene.[215]

Konzertplakat für den Auftritt von Jimi Hendrix in der Jahrhunderthalle Höchst, 17. Januar 1969
Der Entwurf stammte vom Grafiker und späteren Kunstprofessor Günther Kieser, der als Plakatkünstler für die Konzertagentur Lippmann + Rau arbeitete. Kieser prägte die Form des „Visual Music Design" – eine Übersetzung der Musik ins Bildhafte.[216] Die FAZ verriss Hendrix' Auftritte: „Das einzige, was er weckt, ist der Wunsch, die akustische Folter möge aufhören. Was die Fans zu Tausenden in die zwei ausverkauften Vorstellungen treibt, ist schwer zu sagen."[217]

JIMI HENDRIX
PRESENTED BY LIPPMANN+RAU

EXPERIENCE
FEAT.: EIRE APPARENT

17 Freitag, 17. Januar '69 19 + 21.45 Uhr | Frankfurt Jahrhunderthalle Höchst | Karten (ohne Vorverkaufsgebühr) ab DM 6,- | im Vorverkauf: Phonohaus; Pavillon der Städt. Bühnen; | Verkehrsverein; Jahrhunderthalle und bek. Vorverkaufsstellen

Schlagersänger Heintje beim Mittagessen in der Jahrhunderthalle, 9. März 1969
Nicht der Soundtrack zu Hair oder The Beatles führten zum Ende der 1960er Jahre die Hitparaden an. Das selbstbetitelte Heintje-Album nahm seit Juni 1968 mit Songs wie „Heidschi Bumbeidschi" oder „Mama" für neun Monate die Pole Position ein. Die Sachbearbeiter*innen der Stadt Frankfurt schienen keine Fans zu sein. Sie stuften den Heintje-Auftritt 1969 nicht als „künstlerisch wertvoll" ein und verlangten eine Vergnügungssteuer.[218]

Sänger Udo Jürgens bei einer Autogrammstunde, 24. September 1970
Nach seinem ersten Hit „17 Jahr, blondes Haar" 1965 gelang Udo Jürgens, dem Neffen von Frankfurts Oberbürgermeister Werner Bockelmann, 1966 mit dem Lied „Merci Chérie" und seinem Sieg beim Grand Prix der Durchbruch. Seine größten Hits „Griechischer Wein" (1974) und „Aber bitte mit Sahne" (1976) zelebrierte er bei seinem Auftritt in der Jahrhunderthalle Höchst 1969 noch nicht.[219]

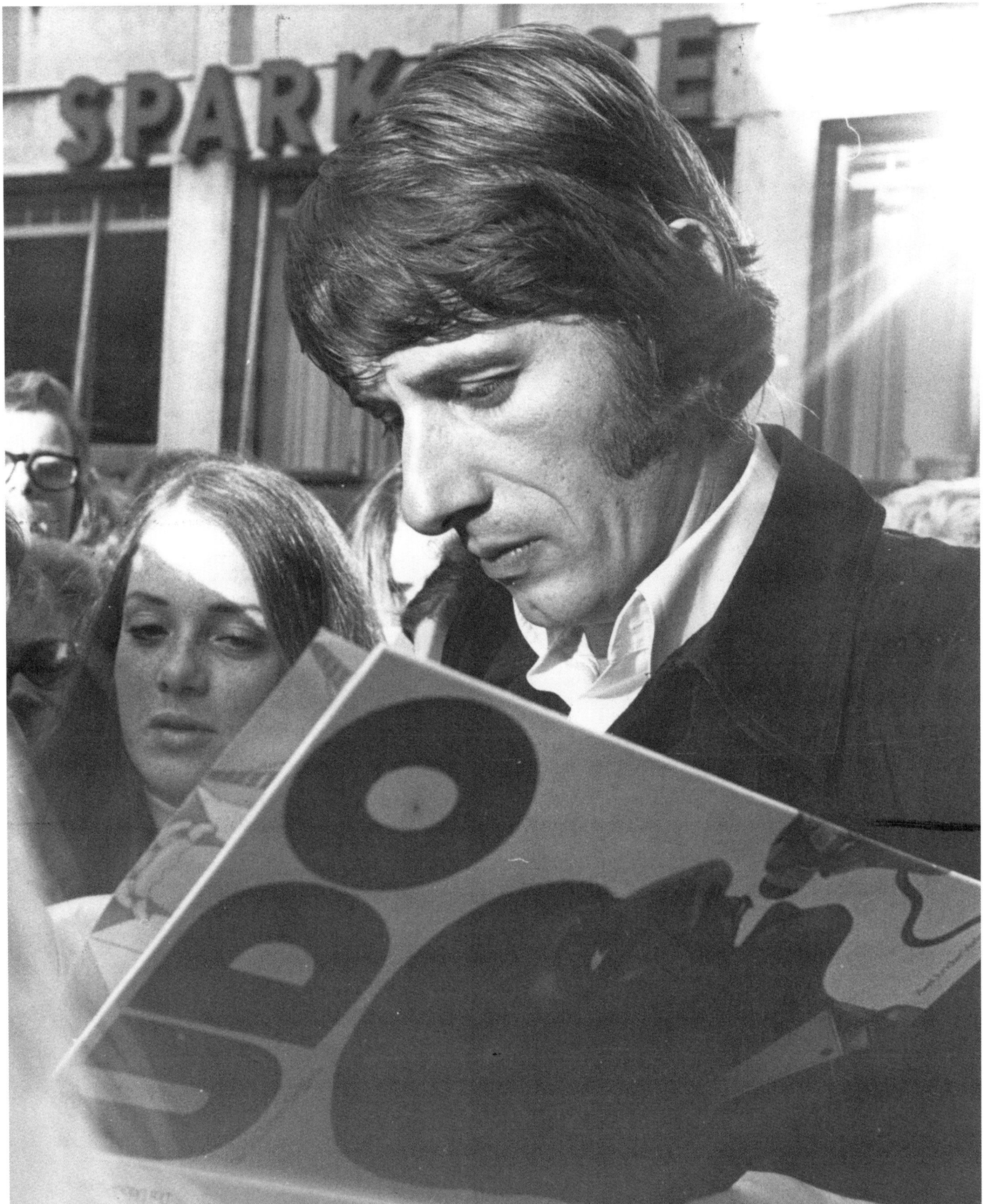

John F. Kennedy bei seiner umjubelten Fahrt durch Frankfurt mit Bundeskanzler Erhard und Ministerpräsident Zinn, 25. Juni 1963

Trotz Kritik an der amerikanischen Außenpolitik überwog die Bewunderung für deren charismatischen Präsidenten. Zudem hatten die USA der jungen Bundesrepublik mit Wirtschaftshilfen wie dem Marshall-Plan beim Wiederaufbau geholfen und der American Way of Life galt für viele als Vorbild.

Gefeiert wie ein Popstar: Kennedy besucht Frankfurt

Einen festen Platz im kollektiven Gedächtnis der deutschen Bevölkerung nimmt John F. Kennedys Deutschlandreise vom 23. bis 26. Juni 1963 ein. Vor 1,5 Millionen Menschen bekannte der US-Präsident vor dem Schöneberger Rathaus „Ich bin ein Berliner" und bekräftigte damit die Stellung der USA als Schutzmacht für die noch junge deutsche Demokratie.

Am 25. Juni 1963 besuchte Kennedy als erster US-Präsident die Mainmetropole,[220] wo ihm auf den Straßen 150.000 Menschen wie einem Popstar zujubelten. Um 15:18 Uhr traf der Staatsgast – begleitet vom hessischen Ministerpräsidenten Georg August Zinn und Bundeskanzler Ludwig Erhard – vor 60.000 Menschen auf dem Römerberg ein.[221]

Im Kaisersaal begrüßten Stadtverordnete und Magistratsmitglieder den Ehrengast und Oberbürgermeister Werner Bockelmann überreichte vor dem obligatorischen Eintrag ins Goldene Buch der Stadt ein Faksimile der Grußadressen der Amerikaner*innen aus dem Jahre 1848 an demokratische Deutsche als Gastgeschenk. Vor dem Römer wandte sich Kennedy in einer kurzen Ansprache, immer wieder durch Kennedy-Rufe unterbrochen, an die begeisterten Frankfurter*innen.[222] Zudem betonte Kennedy die Wiederaufbauleistungen Frankfurts, die demokratische Tradition und die Freundschaft zwischen den Völkern.[223]

Vor der Paulskirche begrüßte Bundestagspräsident Eugen Gerstenmaier den Staatsgast.[224] Hiermit endete der städtische Teil des Besuchs und der bundespolitische begann. Die Paulskirche wählte die amerikanische Delegation bewusst: Nach der Demonstration der militärischen Stärke durch die Militärparade in Langendiebach nahe Hanau nutzte Kennedy den Symbolort der deutschen Demokratie für eine außenpolitische Grundsatzrede und verkündete seine Programmatik einer transatlantischen Partnerschaft.[225] Im Anschluss führte ihn sein Weg zum Waldstadion, von wo ihn ein Hubschrauber nach Wiesbaden brachte.[226]

Die Begeisterung rund um seinen Deutschlandbesuch hatte den US-Präsidenten tief beeindruckt. So riet er seinen Nachfolgern: „Wenn Sie einmal niedergeschlagen sind, dann reisen Sie nach Deutschland."[227] Kennedy sollten weitere Besuche verwehrt bleiben. Am 22. November 1963 wurde er in Dallas erschossen. Drei Tage nach dem Attentat versammelten sich Tausende Frankfurter*innen bei einem Trauermarsch zum Römerberg.[228]

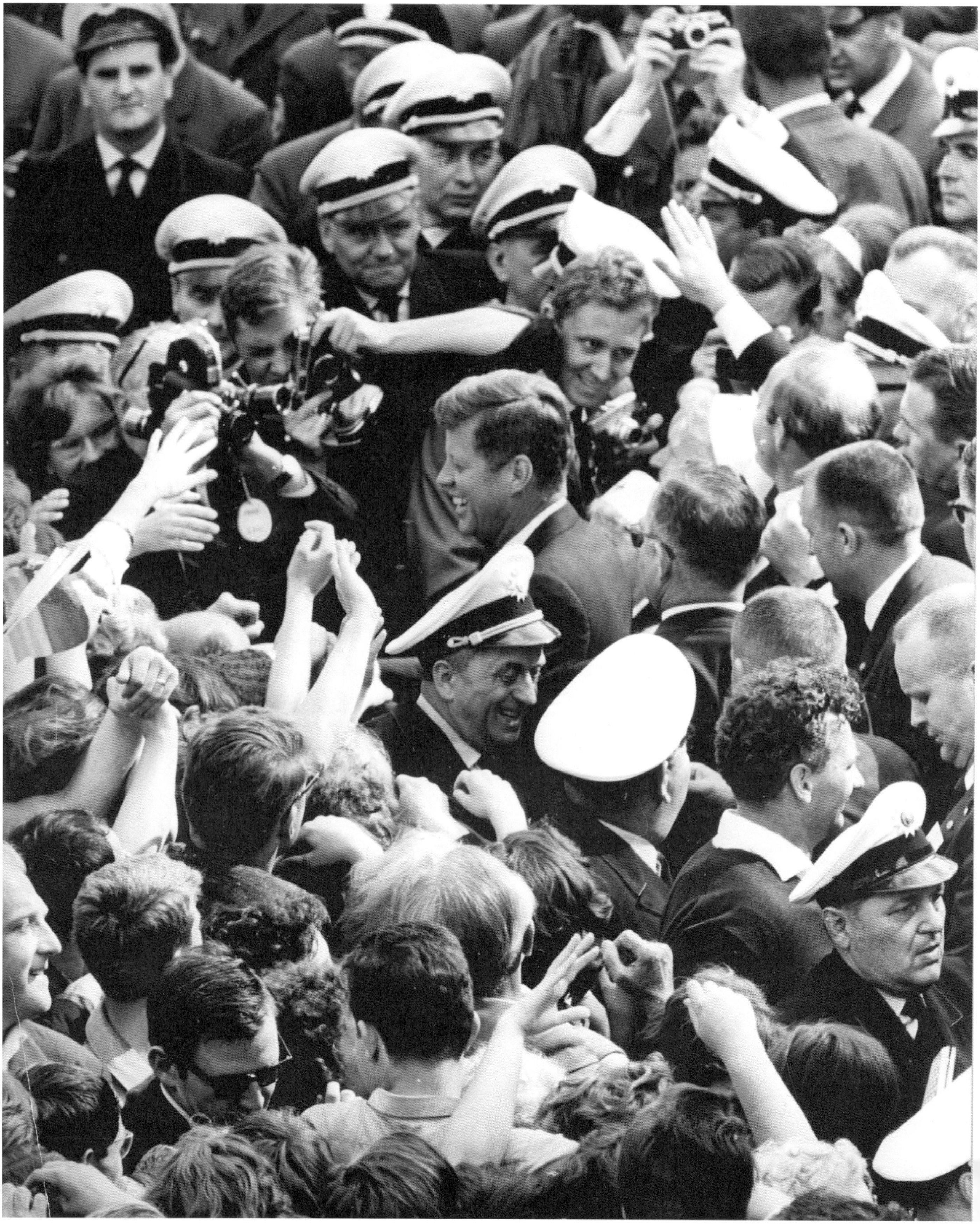

Kennedys Ansprache in der Paulskirche, 25. Juni 1963

Vor 900 Gästen, hauptsächlich Bonner Politiker*innen und Mitglieder des Bundestages, warb Kennedy für ein starkes und demokratisches Europa sowie eine transatlantische Partnerschaft zur Verteidigung der Freiheit und des Weltfriedens. Sonderwege wie den Frankreichs lehnte er ab.[229]

John F. Kennedy nimmt beim Frankfurt-Besuch ein Bad in der Menge, 25. Juni 1963

Frankfurt begeisterte Kennedy. Beim Gang in die Paulskirche wich der US-Präsident vom Protokoll ab und schüttelte zum Entsetzen der Sicherheitskräfte die Hände der ihm zujubelnden Frankfurter*innen.[230] Insgesamt 2.700 Polizist*innen garantierten die Sicherheit des US-Präsidenten.[231]

Auftakt des Auschwitz-Prozesses im Römer, 20. Dezember 1963

Als Vorsitzender Richter agierte Hans Hofmeyer, ihm standen mit Josef Perseke und Walter Hotz zwei Beisitzer sowie zwei Ersatzrichter, sechs Geschworene und drei Ersatzgeschworene zur Seite. Die Staatsanwaltschaft vertraten Hanns Großmann, Joachim Kügler, Georg Friedrich Vogel und Gerhard Wiese. Als Nebenkläger traten Henry Ormond, Christian Raabe und Friedrich Karl Kaul auf. Die Verteidigung übernahmen 21 Anwälte, darunter Hans Laternser und Rudolf Aschenauer, die bei den Nürnberger Prozessen ihre Karrieren begonnen hatten.[232]

Täter vor Gericht: Die Auschwitz-Prozesse

Frankfurt war vom 20. Dezember 1963 bis zum 20. August 1965 Schauplatz eines wegweisenden Gerichtsverfahrens: Vor dem hiesigen Landgericht fand der 1. Auschwitzprozess statt.[233] Auf der Anklagebank saßen 20 Angeklagte, darunter Robert Mulka, Adjutant des Lagerkommandanten von Auschwitz, Wilhelm Boger, bekannt als „Die Bestie von Auschwitz", sowie Gestapo-Mitglieder, Aufseher, Ärzte und Apotheker. Die Anklage lautete, aus Mordlust und niederen Beweggründen heimtückisch und grausam Tausende Menschen getötet und beim Mord mitgewirkt zu haben.[234]

Der Prozess ging mit 183 Verhandlungstagen als das bis dato längste deutsche Schwurgerichtsverfahren in die Geschichte ein. Es war auch in personeller Ausstattung ein Mammutverfahren: Das Gericht vernahm 356 Zeug*innen – 168 aus Deutschland und 188 aus 17 verschiedenen Ländern – und verlas 50 Vernehmungsprotokolle.[235]

Während der Verhandlung zeigte keiner der Angeklagten wirkliche Schuldgefühle oder Reue. Zwar leugneten sie die Verbrechen in Auschwitz nicht, bestritten aber, direkt beteiligt gewesen zu sein, und verwiesen stets auf ihre Pflichterfüllung. Stattdessen behaupteten sie, sie hätten die Morde verabscheut und sich daher versetzen lassen wollen.[236] Als die Angeklagten im Prozess zunehmend schwer belastet wurden, änderten sie ihre Strategie und stellten sich wie Wilhelm Boger als reine Befehlsempfänger dar.[237]

In den Plädoyers summierten sich die Strategien der Parteien. Für die Staatsanwälte führten die Angeklagten die Vernichtungspolitik Hitlers bereitwillig und selbstständig aus: Sie warfen ihnen vor, für ihr Handeln selbst voll verantwortlich zu sein, auch wenn sie in einem System des bürokratischen Massenmords agiert hätten. Die Verteidiger hingegen bestritten den Spielraum des autonomen Handelns, vielmehr hätten die Angeklagten nur die militärischen Befehle Hitlers zum Massenmord befolgt.[238]

Schließlich verkündeten die Richter am 19. und 20. August 1965 das Urteil: Sie befanden zehn Angeklagte der gemeinschaftlichen Beihilfe zum gemeinschaftlichen Mord in mindestens 28.910 Fällen für schuldig. Das Strafmaß reichte von drei Jahren und drei Monaten bis hin zu 14 Jahren. Sieben Angeklagte verurteilte das Gericht wegen Mordes oder gemeinschaftlichen Mordes an 4.243 Menschen zu lebenslangen Zuchthausstrafen. In 605 Fällen konnte ihnen Mord als selbstständige Tat nachgewiesen werden. Für drei Angeklagte lautete das Urteil Freispruch.[239]

Der Hauptangeklagte Wilhelm Boger, Mitglied der Lager-Gestapo, erhielt für die Anklagepunkte des fünffachen Mordes, des gemeinschaftlichen Mordes in 109 Fällen und der gemeinschaftlichen Beihilfe zum gemeinschaftlichen Mord an mindestens 1.010 Menschen eine lebenslange Haftstrafe und zusätzlich 15 Jahre Zuchthaus. Ein Verfahren stellte das Gericht aus gesundheitlichen Gründen ein, zwei Verfahren trennte es ab und verhandelte sie im 2. Auschwitzprozess.[240]

Die symbolische Wirkung des 1. Auschwitzprozesses lässt sich nicht hoch genug einschätzen. Medien und breite Öffentlichkeit nahmen die von 20.000 Personen besuchten Verhandlungen und die flankierenden Ausstellungen in der Paulskirche mit großem Interesse auf. Erstmals wurden Zeugenaussagen auf Tonband mitgeschnitten. Diese 430 Stunden sind heute eine unschätzbare Quelle und seit 2018 UNESCO-Weltdokumentenerbe. Zugleich setzte sich in der Öffentlichkeit die Meinung durch, Auschwitz dürfe sich nicht wiederholen und daher sei es wichtig, sich für die Demokratie einzusetzen.[241]

Auf weit weniger öffentliches Interesse traf der 2. Frankfurter Auschwitzprozess vom 14. Dezember 1965 bis 16. September 1966. Vor Gericht standen Wilhelm Burger (erhielt acht Jahre Zuchthaus), Josef Erber (erhielt lebenslang) und Gerhard Neubert (erhielt dreieinhalb Jahre Zuchthaus). Im 3. Frankfurter Auschwitzprozess (30. August 1967 bis 14. Juni 1968) verurteilte das hiesige Landgericht die Angeklagten Bernhard Bonitz und Josef Windeck zu lebenslangen Haftstrafen, Windeck zusätzlich zu 15 Jahren Freiheitsstrafe. Das Verfahren gegen Erich Grönke wurde eingestellt.

Fritz Bauer (1903–1968), hessischer Generalstaatsanwalt 1956–1968, Porträt um 1960
Bauer setzte sich vehement für die juristische Verfolgung von NS-Verbrechen ein. Er initiierte die Frankfurter Auschwitz-Prozesse 1963–1968 und gab dem israelischen Geheimdienst Mossad den entscheidenden Tipp zur Ergreifung Adolf Eichmanns in Argentinien 1960.

Fortsetzung des Auschwitz-Prozesses im Bürgerhaus Gallus, 3. April 1964

Nach dem Beginn des Verfahrens im Römer zog das Gericht im April 1964 ins Bürgerhaus Gallus um. Dort saßen Angeklagte und Verteidiger an der Fensterseite – hinter ihnen zwei Pläne des Konzentrationslagers. Ihnen gegenüber nahmen Richter und Schöffen Platz. Nach Morddrohungen im Frühjahr 1964 musste das Bürgerhaus täglich auf Bomben abgesucht werden.[242]

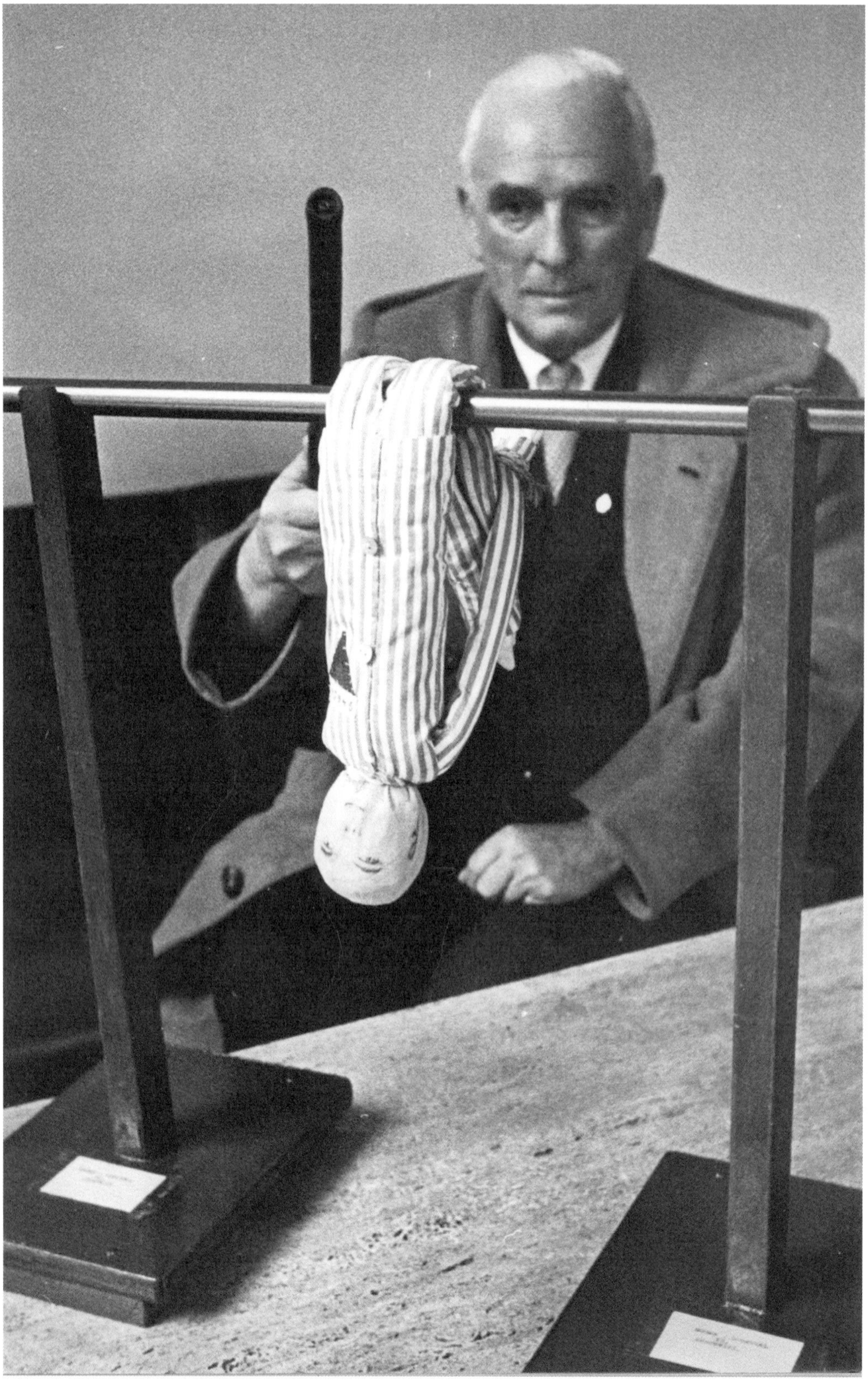

Ausstellung „Auschwitz – Bilder und Dokumente" in der Paulskirche, 1964

Parallel zum Auschwitz-Prozess beleuchtete eine Ausstellung von November 1963 bis Januar 1964 die Schicksale im Warschauer Ghetto. Sie zog binnen weniger Wochen 61.000 Besucher*innen an, darunter 672 Schulklassen.[243] Zudem initiierte der Bund für Volksbildung vom 18. November bis 20. Dezember 1964 unter dem Titel „Auschwitz – Bilder und Dokumente" eine weitere Schau in der Paulskirche.[244] Trotz stellenweiser Kritik an der Abbildung der Angeklagten war die Schau mit 88.000 Besucher*innen ein großer Publikumserfolg.[245]

Aussage des ehemaligen Auschwitz-Häftlings Leo Seibel im Frankfurter Auschwitz-Prozess, 21. März 1964

Seibel erläuterte anhand des Modells die Funktionsweise der von Boger erfundenen „Boger-Schaukel". Die Häftlinge hingen in den Kniekehlen mit gefesselten Handgelenken kopfüber an der Stange. Boger nannte seine Erfindung, die als Folterinstrument für Verhöre diente, „Sprechmaschine". Manche Häftlinge wurden mit Stöcken und Peitschen bis zum Tod misshandelt.

Prozessauftakt gegen Adolf Beckerle (r.) vor dem Frankfurter Schwurgericht, 8. November 1967

Mit dem früheren Frankfurter Polizeipräsidenten und SA-Gruppenführer Adolf Heinz Beckerle musste sich 1967 ein aus Frankfurt stammender Täter vor Gericht verantworten. Beckerle zeichnete in seiner Funktion als deutscher Gesandter in Sofia zwischen 1941 und 1944 für die Deportation von über 11.000 Jüdinnen und Juden aus Mazedonien und Thrakien in die Vernichtungslager verantwortlich. Im Prozessverlauf zeigte er sich als unbelehrbarer Nationalsozialist. Seinem Verteidiger Egon Geis (l. im Bild) gelang es 1968, die Einstellung des Verfahrens aus Krankheitsgründen zu erwirken.[246]

Schlaglicht

WEG ZUM FRANKFURTER AUSCHWITZ-PROZESS

Mit dem Gerichtsverfahren vollzog die deutsche Justiz eine Kehrtwende in ihrer Vergangenheitsbewältigung. Nach den Entnazifizierungsbestrebungen der Siegermächte wollte die junge Bundesrepublik zunächst einen Schlussstrich unter ihre NS-Vergangenheit ziehen. Auf die seit 1946 erlassenen Amnestien für NS-Täter*innen folgte 1951 das Urteil des Bundesverfassungsgerichts, 1945 entlassene Beamt*innen wieder zum Staatsdienst zuzulassen, insofern sie keine Belasteten oder Hauptschuldigen waren.[247]

Doch als sich Ende der 1950er Jahre die Skandale um NS-Funktionär*innen in hohen Ämtern, wie z.B. bei Adenauers Staatssekretär Hans Globke, häuften und die DDR die Integration Belasteter in die Verwaltung der Bundesrepublik zunehmend als Propaganda für ihren Staat nutzte, setzte eine sukzessive Kehrtwende ein. Um NS-Verbrechen systematisch zu verfolgen, wurde 1958 die „Zentrale Stelle der Landesjustizverwaltungen zur Aufklärung nationalsozialistischer Gewaltverbrechen" in Ludwigsburg gegründet. Hiermit verschob sich die Vergangenheitsbewältigung in den Fokus des Strafrechts, während zuvor sozialpolitische Fragen wie die Wiedereinstellung von NS-Funktionär*innen, die Fortzahlung ihrer Pensionen oder Wiedergutmachungsleistungen für die Opfer im Mittelpunkt gestanden hatten.[248]

Den Auschwitz-Prozess initiierten eine private Anzeige gegen Wilhelm Boger 1958 und Recherchen des FR-Redakteurs Thomas Gnielka, der dem hessischen Generalstaatsanwalt Fritz Bauer 1959 sieben Dokumente aus Besitz des ehemaligen Auschwitz-Häftlings Emil Wulkan übermittelte. Das Konvolut beinhaltete Listen von auf der Flucht erschossenen Insassen, Namen der verantwortlichen Wachmänner und diverse Briefwechsel. Bauer erreichte, dass der Bundesgerichtshof dem Landgericht Frankfurt die Zuständigkeit für die Untersuchung aller Fälle übertrug. In den 1960er Jahren trieb Bauer die Aufarbeitung der NS-Verbrechen maßgeblich voran.[249]

In der Folge vergingen zwei Jahre, in denen die Frankfurter Staatsanwälte Nachforschungen in 290 Fällen betrieben und Zeug*innen aufspürten. Bauer wollte Verfahren gegen Einzelpersonen vermeiden, sondern vielmehr Tatkomplexe bündeln. Sein Team ergänzten Joachim Kügler, Georg Friedrich Vogel, Hanns Großmann und Gerhard Wiese, der die Anklageschrift ausarbeitete.

Als ersten Schritt reichten die Staatsanwälte am 12. Juli 1961 den Antrag zur Voruntersuchung von 24 Personen ein, davon sollten 17 später im Auschwitz-Prozess vor Gericht stehen. Da der frühere Lagerkommandant Richard Baer 1963 verstarb, rückte Lageradjutant Robert Mulka in die Position des Hauptangeklagten.[250] Die Voruntersuchung leitete Landgerichtsdirektor Heinz Düx. Er vernahm 130 Zeug*innen und reiste auf eigene Kosten als Privatperson nach Auschwitz, weil ihm dort eine offizielle Untersuchung verweigert wurde.[251]

Schweigemarsch gegen Massenvernichtungswaffen und für Abrüstung, 7. November 1961
Am 30. Oktober 1961 zündete die Sowjetunion die „Zar-Bombe" in Nowaja Semlja – eine Wasserstoffbombe mit einer 4.000-mal höheren Sprengkraft als die auf Hiroshima abgeworfene Atombombe. Als Reaktion demonstrierten etwa 3.000 Student*innen und Professor*innen der Goethe-Universität mit einem Schweigemarsch von der Universität zum Römerberg und einer Kundgebung gegen den sowjetischen Bombenversuch.[252]

Demokratische Beteiligung: Kundgebungen und APO

Zahlreiche Bilder von Demonstrationen gegen den Vietnamkrieg und die beabsichtigte Einführung einer Notstandsverfassung vermitteln einen Einblick in das politische Leben der 1960er Jahre und die Protestkundgebungen. Seit 1960 formierten sich bundesweit zwei maßgebliche, äußerst heterogene Bewegungen: zum einen eine breite Opposition gegen die seit 1956 diskutierten Notstandsgesetze, der zuerst Jurist*innen und Politikwissenschaftler*innen angehörten und der sich zunehmend auch Linksliberale, Gewerkschaftsmitglieder und vor allem Studierende unter dem Sammelbegriff der APO anschlossen; zum zweiten die Ostermarschbewegung, die aus der Kampagne „Kampf dem Atomtod" hervorging. Hier protestierten Friedensaktivst*innen, Gewerkschaftler, Kirchenvertreter*innen und viele Studierende gegen den „westlichen Imperialismus" wie in Vietnam, gegen Massenvernichtungswaffen und Militarismus, Krieg und Aufrüstung.[253]

Lehrkräfte, Schüler*innen und Studierende setzten sich für Verbesserungen im Bildungssystem ein und forderten die konsequente Aufarbeitung der NS-Vergangenheit. Die Gewerkschaften kämpften für eine flächendeckende Einführung der 40-Stunden-Woche und gegen Sozialabbau. Zudem machten sich in Frankfurt die Demonstrant*innen für die Rechte anderer Völker stark. Zusammen mit am Main lebenden Griechen und Spaniern protestierten verschiedene Gruppen gegen die griechische Militärdiktatur oder das Franco-Regime in Spanien. Auch die politische Apartheid in Süd- und Südwestafrika stand im Fokus von Aktionen.[254]

Ostermärsche und APO erhielten als Antikriegs- und Bürgerrechtsbewegungen seit 1966/67 vermehrten Zulauf. Den Höhepunkt erreichten die Proteste 1968. Es waren politisch unruhige Zeiten. Immer häufiger kam es dabei zu Auseinandersetzungen mit der Polizei.[255]

Die Termini Neue Linke, APO, Studentenbewegung und „68er" werden häufig synonym verwendet. Sie alle waren in ihrem Selbstverständnis linke Bewegungen,[256] ihre Akteure jedoch höchst heterogen und die Zielsetzungen vielfältig. Die Zeitgenoss*innen selbst bezeichneten sich meist als APO und titulierten sich erst seit den 1980er Jahren als die „68er"-Generation.[257] Die Aktivist*innen initiierten nach ihrem „Marsch durch die Institutionen" Veränderungen in den Bereichen Politik, Kultur, Gesellschaft und Familie.

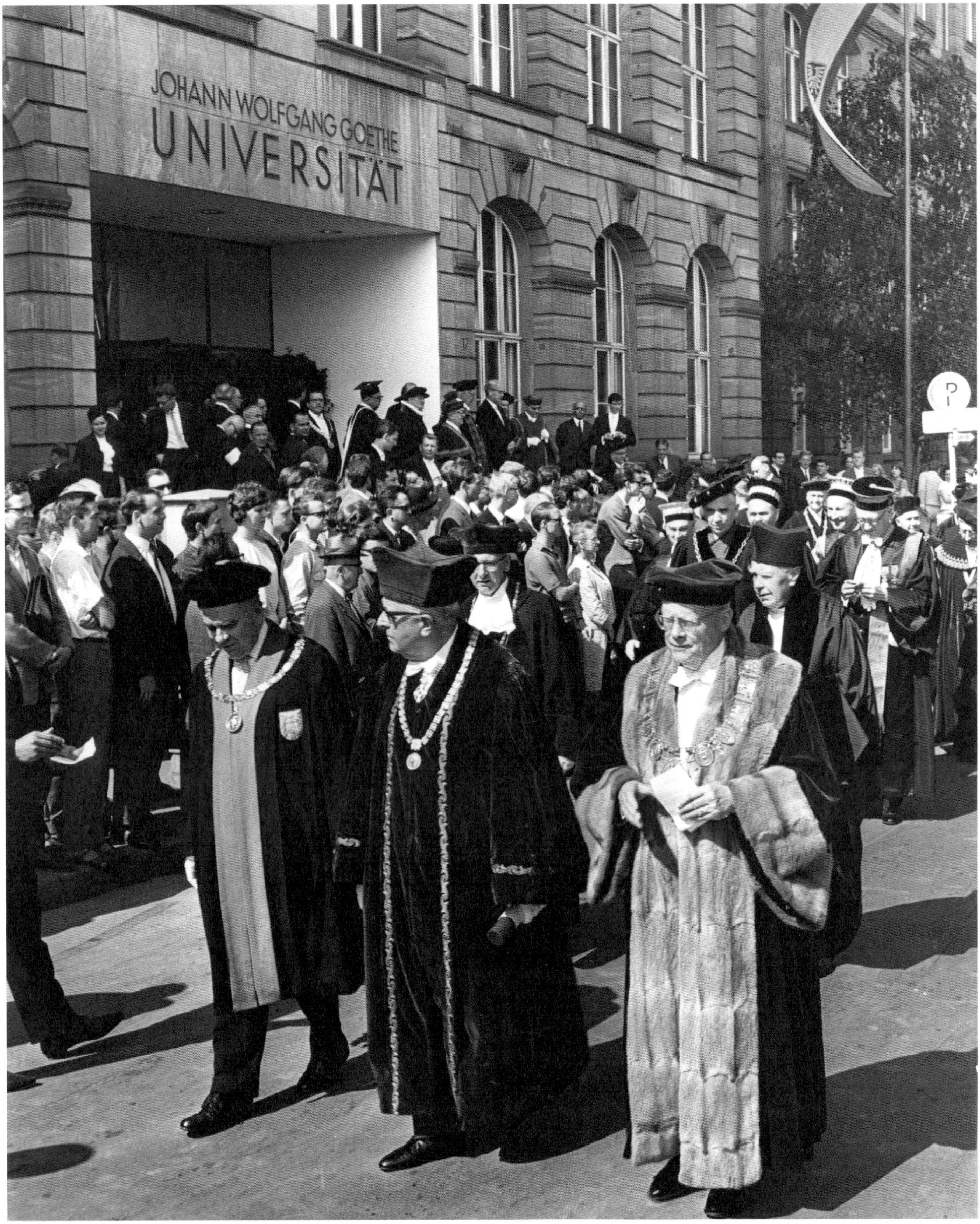
JOHANN WOLFGANG GOETHE
UNIVERSITÄT

IG Metall-Kundgebung am Vorabend der Urabstimmung 1967, 15. November 1967
Die Gewerkschaften forderten in den 1960er Jahren die flächendeckende Einführung der 40-Stunden-Woche und höhere Löhne. Im Tarifkonflikt 1967 folgten 6.000 bis 8.000 Metallarbeiter*innen dem Ruf der Gewerkschaft, vor der Urabstimmung an einer Protestkundgebung auf dem Römerberg teilzunehmen.[261] Die IG Metall erstritt nach langen Verhandlungen eine Erhöhung der tariflich festgelegten Leistungen von insgesamt 11,2 Prozent.[262]

Professor*innen feiern 50 Jahre Goethe-Universität, 10. Juni 1964
Beim Festumzug trugen die Professor*innen stolz ihre Talare. Als Hamburger Studierende 1967 das Transparent „Unter den Talaren – Muff von 1.000 Jahren" entrollten, wurden die Roben eingemottet. Die 1914 gegründete Universität war einer der größten Ausgabenposten der Stadt. Diese Beteiligung wollte Frankfurt senken und in einem ersten Schritt trugen das Land Hessen und die Stadt Frankfurt seit 1962 die Kosten für Klinikum und Institute zu gleichen Teilen.[258] Fünf Jahre später schlossen Stadt und Land einen Überleitungsvertrag, womit aus der ehemaligen Stiftungsuniversität der Frankfurter Bürger eine staatliche Hochschule wurde.[259] Die Stadt übernahm weiterhin die Aufwendungen für die Stadt- und Universitätsbibliothek und einen Teil der Kosten der Universitätskliniken.[260]

Entspannung, Rüstungsstopp, Sicherheit durch Abrüstung.

ostermarsch 1966

Gegen Atomwaffen jeder Nation
Unser Nein zur Bombe
ist ein Ja zur Demokratie
Statt Atomwaffen
Brot für die Welt
Mit der UNO für Abrüstung
Keine Atomwaffen
auf deutschem Boden
Mitteleuropa - atomwaffenfrei
Notstand droht
durch Notstandsgesetze
Nur Friede ist Luftschutz
Schluß mit dem Krieg in Vietnam

Ostermarsch von Hanau nach Frankfurt an der Flößerbrücke, 15. April 1968
Alleine zur Abschlusskundgebung auf dem Römerberg fanden sich 12.000 Menschen ein, um die Forderungen der Ostermarschkampagne zu unterstützen. Angesichts der aufgeheizten Stimmung nach dem Dutschke-Attentat am 11. April 1968 veranstaltete der SDS im Anschluss ein Teach-in, auf dem Wolfgang Abendroth weitere Aktionen gegen den Springer-Konzern forderte.[264]

Deckblatt eines Ostermarsch-Flugblattes mit Zielen und Laufroute, Ostern 1966
Die Ostermarschbewegung verstand sich als offene Kampagne für Abrüstung, an der jeder sich beteiligen konnte – so auch die Fotografen Klaus Meier-Ude und Manfred Tripp, die zahlreiche Aktionen – wie den Protest gegen die griechische Militärdiktatur – dokumentierten. Neben einem Kuratorium organisierte der „Zentrale Ausschuss" die Aktionen, dem der Offenbacher Klaus Vack als Geschäftsführer und Herausgeber angehörte.[263]

32-Stunden-Protest vor dem amerikanischen Generalkonsulat, 2. Oktober 1965
Die Kampagne für Abrüstung kritisierte unter dem Motto „Gegen den Krieg in Vietnam – Für weltweite Abrüstung und Entspannung" mit verschiedenen Aktionen vom 28. September bis 4. Oktober 1965 die amerikanische Außenpolitik. Mit einer Abschlusskundgebung auf dem Römerberg und einer Fackeldemonstration endete die Protestwoche.[265]

Proteste für den Frieden: Vietnamkrieg und Ostermärsche

Die militärische Intervention der USA in Vietnam und der Einsatz von Napalm mobilisierten seit 1965 das größte Protestpotenzial. Somit entwickelten sich die Ostermärsche zu einer Massenbewegung: Hatten 1960 beim Oster-Sternmarsch lediglich 1.000 Teilnehmer*innen an mehreren norddeutschen Orten demonstriert, stiegen die Zahlen 1964 auf 100.000, 1967 gar auf 150.000.[266] Die Ostermarschbewegung firmierte seit 1963 als „Kampagne für Abrüstung" und seit 1968 als „Kampagne für Demokratie und Abrüstung". Sie forderte 1967 Sicherheit in Europa, Abrüstung und Demokratie und sprach sich gegen den Krieg in Vietnam und die Notstandsgesetze aus.[267] Auch unter neuem Namen trat sie 1968 für diese Forderungen ein und verlangte, die Rüstungsausgaben zu kürzen und auf Trägersysteme für Atomwaffen zu verzichten.[268]

Im Zuge der US-Intervention in Vietnam sprachen sich innerhalb der Studentenbewegung linke Gruppen für die Unterstützung des Vietcong aus, so bei der 22. SDS-Delegiertenkonferenz vom 4. bis 8. September 1967 an der Frankfurter Universität. Unter ihrem neuen Bundesvorsitzenden KD Wolff erklärten sich die Delegierten mit dem vietnamesischen Volk solidarisch und forderten nach einem Grundsatzreferat von Rudi Dutschke die Entmachtung des Springer-Konzerns.[269] Bereits seit Jahresanfang waren die Konflikte mit der Polizei rauer geworden. Im Anschluss an eine Demonstration gegen den Vietnamkrieg am 11. Februar 1967 zogen 100 bis 150 Teilnehmer*innen zum amerikanischen Generalkonsulat in der Siesmayerstraße, skandierten dort „Mörder Johnson" oder „Ho Ho Ho Chi Minh" und versuchten von Dutschke angeführt vergeblich, das Konsulat zu stürmen.[270]

Auch bürgerliche Kreise nahmen die Kritik am Vorgehen in Vietnam partiell auf. So fand am 20. März 1968 die Uraufführung von „Viet Nam Diskurs" von Peter Weiss statt. Die Inszenierung des Generalintendanten der Städtischen Bühnen, Harry Buckwitz, thematisierte die Vorgeschichte des Vietnamkonflikts und übte Kritik am Vorgehen der USA.[271] Die Proteste gegen den Vietnamkrieg dauerten in Frankfurt auch nach dem Ende der „68er"-Bewegung an.

**Demonstrationszug im Anschluss an den Kongress „Vietnam – Analyse eines Exempels",
22. Mai 1966**

Der SDS-Kongress mit Rudi Dutschke, Herbert Marcuse, Jürgen Habermas und Oskar Negt als Rednern gilt als erstes Teach-in an einer deutschen Universität. Viele der 2.200 Zuhörer*innen beteiligten sich nach der Abschlusserklärung an der Demonstration durch die Innenstadt, um gegen die US-Politik in Vietnam zu protestieren.[272]

Plakat mit Forderungen der Ostermarschbewegung, 15. April 1968

Die Friedensbewegung setzte sich aus breiten Teilen der Gesellschaft zusammen. Aufgrund ihrer Heterogenität versuchte sie stets unabhängig von Parteien zu agieren.[273] Obwohl die Initiative atomwaffenfreie Zonen und Abrüstung nicht erreichte, ist der Einfluss ihres Widerstands gegen die amerikanische Intervention in Vietnam nicht zu unterschätzen. Der weltweite Protest führte schließlich zum Abzug.[274]

Kundgebung

Gegen den Völkermord in Vietnam ☮ Gegen Atomwaffen ☮ Gegen das Springer-Monopol ☮ Gegen jeden neuen Faschismus ☮ Gegen Notstandsgesetze ☮ Gegen den Rüstungsstaat ☮ Ostermontag ☮ 15. April 1968 ☮ 15 Uhr ☮ Römerberg Frankfurt

Demonstration an der Hauptwache gegen das Massaker von My Lai, 13. Dezember 1969

Mit dem Ende der Studentenbewegung verschwanden keineswegs die Proteste gegen den Vietnamkrieg. Nach dem am 16. März 1968 an 504 Zivilist*innen verübten und zunächst vertuschten Massaker von My Lai kam es in Frankfurt ein Jahr später bei Kundgebungen vor dem Amerikahaus, dem Justizgebäude und auf der Kaiserstraße zu Zusammenstößen zwischen Demonstrant*innen und Polizei.[275]

Flyer und Informationsmaterial, die während Veranstaltungen gegen den Vietnamkrieg in Frankfurt verteilt wurden, 1965–1968

Protestmarsch gegen die Notstandsgesetzgebung, Berliner Straße, 27. Juni 1967

19 Frankfurter Jugend- und Studentengruppen hatten für den Tag zu einer Großdemonstration gegen die „Notstandspraktiken der Bundesregierung gegen Arbeiter und Studenten" aufgerufen. Der Protestmarsch begann an der Alten Oper und führte zur Kundgebung am Römerberg. Dort sprachen der Gießener Strafrechtler Helmut Ridder, der Frankfurter Gewerkschaftssekretär Fritz Libuda und AStA-Vorsitzender Siegfried Peters.[276]

Höhepunkt der Proteste: Die Notstandsgesetze

Die Debatte um die innere Sicherheit wurde zwischen 1959 und 1968 von der Frage der Notstandsgesetze bestimmt. Deren beabsichtigte Verabschiedung brachte in Frankfurt Tausende auf die Straße. Die besondere Situation der seit 1966 regierenden Großen Koalition ließ die notwendige Zweidrittelmehrheit im Parlament in Reichweite erscheinen. Erste Gesetzesinitiativen waren 1960, 1963 und 1965 an der hohen Hürde gescheitert.

Heute wirkt die Diskussion überschätzt, doch die Politik wollte den Ausnahmefall bei Gefahren oder Katastrophen regeln, während für APO, Gewerkschaften und Studierende die Notstandsgesetzgebung der erste Schritt zum faschistischen Staat darstellte. Angesichts der deutschen Geschichte und der Ereignisse rund um die „Spiegel"-Affäre 1962 war der Widerstand verständlich.[277] Zum Kongress „Notstand der Demokratie" versammelten sich am 30. Oktober 1966 in Frankfurt mehr als 24.000 Teilnehmer*innen von Gewerkschaften, Ostermarschbewegung, Jugendverbänden und Universitäten. Fortan übernahmen die Gewerkschaften die Steuerung der Aktionen gegen die Notstandsgesetze.[278]

Ihren Höhepunkt fanden die Proteste im Mai 1968. Bei der Kundgebung am 1. Mai auf dem Römerberg bekräftigte der Bundesvorsitzende der IG Metall Otto Brenner die Ablehnung der Notstandsgesetze durch den DGB. Im Anschluss ergriff Hans-Jürgen Krahl vor 15.000 Zuhörer*innen das Wort, monierte die „Volksverhetzung" durch die BILD-Zeitung, malte ein dunkles Szenario für den Fall einer Verabschiedung der Notstandsgesetze und forderte die Arbeiter*innen zu einem Generalstreik auf.[279] Zur Abschlusskundgebung des ebenfalls vom DGB für den 27. Mai 1968 organisierten Protestmarsches versammelten sich rund 12.000 Arbeiter*innen, Schüler*innen und Student*innen auf dem Römerberg. Am Abend betrat Harry Buckwitz in der Pause von „La Traviata" die Bühne des Schauspiels und verlas gemeinsam mit Schauspieler*innen, Bühnenarbeiter*innen und Student*innen eine Resolution gegen die Notstandsgesetze. Dies führte zu Tumulten und wütender Missbilligung des bürgerlichen Publikums. Die Städtischen Bühnen positionierten sich damit neben dem TAT als kritisches Theater.[280]

Trotz Massenkundgebungen im gesamten Bundesgebiet verabschiedete der Bundestag in Bonn am 30. Mai 1968 mit 384 zu 100 Stimmen das umstrittene Gesetzespaket. Die Proteste verhinderten die Notstandsgesetzgebung zwar nicht, sorgten aber für eine abgeschwächte Version.[281] Im Anschluss zerfiel das heterogene Protestnetzwerk, die Gewerkschaften zogen sich zurück, das Kuratorium „Notstand der Demokratie" löste sich im August 1968 auf und die APO verlor an Mobilisierungskraft.[282]

Protestaktionen anlässlich der 2. Lesung der Notstandsgesetze, 15. Mai 1968

Aus Protest gegen die Notstandsgesetzgebung legten die Studierenden den Universitätsbetrieb lahm. Der ausgerufene Streik fand Unterstützung bei rund 2.000 Schüler*innen, zahlreichen Gewerkschaftsmitgliedern sowie bei Belegschaften von Verlagen und Unternehmen. So kam es in 20 Frankfurter Betrieben zu Warnstreiks.

Plakat zum Sternmarsch auf Bonn, Mai 1968

An dem Sternmarsch anlässlich der 2. Lesung der Notstandsgesetze am 11. Mai 1968 nahmen zahlreiche Frankfurter Studierende und Schüler*innen und trotz des Verbotes des Hessischen Kultusministeriums auch einige Lehrkräfte teil.[283]

STERNMARSCH AUF BONN

FÜR DEMOKRATIE
GEGEN NOTSTANDS
GESETZE

11. MAI '68

Herausgegeben vom Sekretariat
des KURATORIUMS NOTSTAND DER DEMOKRATIE
Verantwortlich: Helmut Schauer, 6 Frankfurt am Main,
Wilhelm-Leuschner-Straße 87
Druck: Grawo Offenbach

Rudi Dutschke bei einer Demonstration gegen den Vietnamkrieg vor dem US-Generalkonsulat, 5. Februar 1968

Im Anschluss an ein Teach-in rief Rudi Dutschke erneut zu einem Demonstrationszug zum amerikanischen Konsulat in der Siesmayerstraße und einem Go-in auf. Ihm folgten 1.000 bis 2.000 Studierende, die vergeblich versuchten die Sperrgitter der Polizei zu durchbrechen. Den Ansturm wehrte die Polizei mit Wasserwerfern und berittenen Polizeistaffeln ab.[284]

Eskalation der Proteste: Gewalt und Blockaden

Im Protestjahr 1968 fanden fast wöchentlich Demonstrationen gegen die Notstandsgesetze, den Vietnamkrieg und Unterdrückung in anderen Ländern statt.[285] Die Studentenbewegung radikalisierte sich nach dem Ohnesorg-Mord 1967 infolge des Attentats auf Studentenführer Rudi Dutschke am 11. April 1968 zusehends. Dutschke trat häufig auf Kundgebungen in Frankfurt auf und rief meist im Anschluss zu Aktionen gegen amerikanische Einrichtungen auf. Am 29. Februar 1968 verhinderte die Frankfurter Polizei den Auftritt Dutschkes bei einer Protestkundgebung gegen den Vietnamkrieg, indem sie ihn auf dem Flughafen festsetzte. Als die Nachricht durchsickerte, versuchten 1.500 Protestierende das Polizeipräsidium zu stürmen. Zur Deeskalation entschied die Polizeileitung schließlich um 23 Uhr, Dutschke in die Innenstadt fahren zu lassen.[286]

Für viele galt der Springer-Konzern wegen seiner hetzerischen Berichterstattung als mitschuldig am Mord an Benno Ohnesorg und an den Schüssen des Hilfsarbeiters Josef Bachmann auf Dutschke am Gründonnerstag des Jahres 1968.[287] Nach Bekanntwerden der Tat besetzten 200 Studierende am 11. April die Bühne des Schauspiels, wo gerade „Biographie" von Max Frisch gespielt wurde. Als ein großes Polizeiaufgebot vor dem Theater erschien, verließen sie das Schauspielhaus und zogen zur Societäts-Druckerei in die Frankenallee 71–81, wo die hessische Ausgabe der BILD-Zeitung produziert wurde.[288]

In den folgenden Tagen versuchten Aktivist*innen massiv die Auslieferung der Zeitung zu verhindern. Am Karfreitag lieferten sich Demonstrant*innen und Polizeikräfte über Stunden einen Schlagabtausch. Nur durch den Einsatz von Wasserwerfern und Schlagstöcken gelang es den Gesetzeshütern zeitweise, die Zufahrt für die Lieferwagen freizuhalten.[289] Die Straßenschlachten breiteten sich über das Osterwochenende vom Gallus über die Stadt aus. Die Polizei setzte Wasserwerfer, Gummiknüppel und berittene Beamt*innen ein, die Protestierenden reagierten mit Flaschen und Steinen.[290]

Wenige Tage vor den Osterunruhen verübten zunächst Unbekannte in der Nacht vom 2. auf den 3. April 1968 zwei Brandanschläge auf die Kaufhäuser Schneider und Kaufhof. Als Täter*innen fasste die Polizei schnell Gudrun Ensslin, Andreas Baader, Thorwald Proll und Horst Söhnlein. Die Tat löste in der Studentenbewegung intensive Debatten aus, ob eine Gefährdung von Menschenleben im Sinne der eigenen Sache sei.[291] Im Prozess verurteilte das Gericht im Oktober 1968 alle vier Angeklagten zu drei Jahren Haft.[292] Der Ausruf des französischen Studentenführers Daniel Cohn-Bendit „Die Angeklagten gehören vor ein Studentengericht" löste im Gerichtssaal Tumulte aus.[293] Baader und Ensslin tauchten 1970 in den Untergrund ab und gründeten die RAF.

Trauerkundgebung zum Tod von Benno Ohnesorg auf dem Universitätscampus, 5. Juni 1967

Als am Rande der Proteste gegen den Schah-Besuch am 2. Juni 1967 der Kriminalobermeister Karl-Heinz Kurras den Studenten Benno Ohnesorg erschoss,[294] sahen die Studierenden die Schuldigen in der „faschistoiden Staatsgewalt" und der Springer-Presse.[295] In Frankfurt versammelten sich daraufhin am 5. Juni 1967 mehr als 3.000 Studierende am Studierendenhaus zu einem Teach-in[296] und am 8. Juni 1967 zwischen 5.000 bis 10.000 Menschen bei einem Schweigemarsch von der Universität zum Römer im Gedenken an den ermordeten Studenten.[297]

Studentische Proteste auf der Buchmesse gegen Springer, Oktober 1967

Nach dem Ohnesorg-Attentat fokussierten sich die Proteste auf den Springer-Konzern und auf die Notstandsgesetze, deren erste Lesung am 28. Juni 1967 anstand.[298] Protestaktionen gegen Springer – immer wieder verbunden mit der Forderung „Enteignet Springer" – bestimmten die Buchmesse 1967.[299]

Blockade der Societäts-Druckerei, Frankenallee, 15. April 1968

Die Proteste gegen Springer dauerten bis zum 15. April 1968 an. Im Anschluss an die Abschlusskundgebung des Ostermarsches mit 12.000 Teilnehmer*innen[300] versuchten 4.000 bis 5.000 Demonstrant*innen erneut, die Auslieferung der BILD-Zeitung zu verhindern.[301]

Straßenabsperrungen, Stacheldraht und Wasserwerfer sichern die Societäts-Druckerei, 15. April 1968

Insgesamt 1.200 Schutzpolizist*innen und die hessische Bereitschaftspolizei hielten die Protestierenden vom Sturm auf die Societäts-Druckerei ab.[302] Rund um die Galluswarte und den Hauptbahnhof ging die Polizei mit äußerster Härte vor – auch gegen unbeteiligte Passanten, Journalist*innen, Ärzt*innen oder Arbeiter*innen. Wo die Demonstrant*innen einen Durchbruch über die Barrikaden versuchten, regnete es Wasser und Knüppelschläge. Die Protestierenden reagierten ihrerseits mit Tränengasbomben auf die Polizisten.[303]

AN UNSERE MITBÜRGER

Seit Donnerstag voriger Woche ist unser Verlags- und Druckereibetrieb zum Ziel radikaler Aktionen geworden, weil in unserer Zeitungsdruckerei eine Teilauflage der Bild-Zeitung gedruckt wird. Meist jugendliche Demonstranten versuchten, vom SDS dazu aufgefordert, unser Verlagshaus zu blockieren und damit die Auslieferung aller bei uns gedruckten Tageszeitungen zu verhindern. Es entstanden erhebliche Schäden, und es kam zu Gewalttaten gegen Angehörige unseres Betriebes.

In unserer Zeitungsdruckerei werden folgende Tageszeitungen gedruckt:

Für den Verlag der Frankfurter Societäts-Druckerei GmbH:

Frankfurter Neue Presse
Höchster Kreisblatt
Nassauische Landeszeitung
Abendpost / Nachtausgabe

Für den Verlag Frankfurter Allgemeine Zeitung GmbH:

Frankfurter Allgemeine Zeitung
Blick durch die Wirtschaft

Für die Vereinigten Wirtschaftsdienste:

Nachrichten für Außenhandel

Für den Verlag Axel Springer & Sohn:

Teilauflage der Bild-Zeitung

Als Auftragsdruckerei sind wir nach Treu und Glauben verpflichtet, Lieferungsverträge vertragsgetreu zu erfüllen. Pressefreiheit und Meinungsfreiheit sind in der Bundesrepublik Deutschland im Grundgesetz garantiert. Wir lehnen es deshalb ab, einer terroristischen Aggression nachzugeben.

In der Nacht zum Samstag wurde ein Schichtführer unserer Druckerei von Demonstranten am Kopf verletzt, als er vor unserer Einfahrt eine Barrikade beseitigen wollte. Seit Tagen werden unsere Arbeiter und Arbeiterinnen von aufgehetzten Menschen bedroht. Schon wird die Parole ausgegeben, unsere Druckerei, die von uns gemeinsam aufgebaute Arbeitsstätte von über 2500 Mitarbeitern, in Brand zu stecken und zu demolieren.

Wir überlassen es der Öffentlichkeit, sich ihr eigenes Urteil über die terroristische Kampagne gegen unseren Betrieb zu bilden.

Frankfurter Societäts-Druckerei GmbH

Druck: Graphische Großbetriebe im Verlagshaus Frankfurter Societäts-Druckerei

„An unsere Mitbürger": Erläuterung zur Blockade des Societäts-Verlagshauses, April 1968
Die Societäts-Druckerei reagierte mit einem Aushang auf die Blockade ihres Betriebsgeländes und die Einschüchterung ihrer Mitarbeiter*innen.

Schlaglicht

DIE FRANKFURTER STUDENTENBEWEGUNG

Neben Studierenden und Jugendlichen finden sich auf den zahlreichen Fotos der Kundgebungen gegen die Notstandsgesetze und der Proteste gegen den Vietnamkrieg ebenso Arbeiter*innen, Angestellte und Vertreter*innen des Bürgertums. Die Bildquellen verdeutlichen die homogene Zusammensetzung der Gruppierung, die von der Nachwelt seit den 1980er Jahren meist als „die 68er" bezeichnet wird. Bei der „68er"-Bewegung handelte es sich um ein weltweites Phänomen, das die Ablehnung der amerikanischen Vorgehensweise in Vietnam und linke Theorien einte. Auf nationaler Ebene unterschieden sich die Ziele innerhalb der verschiedenen Interessengruppen stark. Die Mehrzahl der Aktivist*innen der „68er"-Bewegung in der Bundesrepublik entstammte der Studierendenschaft, sodass sich ein genauerer Blick auf ihre Ziele und Akteur*innen lohnt. Berlin galt als Herz, Frankfurt als Hirn der Proteste.[304]

Warum Frankfurt? Viele Studierende kamen wegen der kapitalismuskritischen „Frankfurter Schule" um Max Horkheimer und Theodor W. Adorno und ihrer „Kritischen Theorie" sowie wegen ihrer Schüler Jürgen Habermas und Oskar Negt an den Main. Insbesondere Adorno verfasste mehrere für die „68er" zentrale Texte und so wollten viele bei ihm studieren.[305] In der Realität verband die Student*innen jedoch eine Hassliebe mit Adorno, der auf Frontalvorlesungen setzte, während sie andere pädagogische Ansätze forderten, insbesondere die Diskussion im Plenum.[306]

Das Institut für Sozialforschung um Habermas und Adorno und das Sigmund-Freud-Institut um seinen Gründungsdirektor Alexander Mitscherlich machten die Mainmetropole zum intellektuellen Bezugspunkt der „Neuen Linken" und zogen viele politisch links verortete Studierende aus verschiedenen Fachrichtungen an. Seinerzeit waren 15.000 Studierende immatrikuliert, die mit vierstelligen Zahlen am Massenprotest oder an den zahlreichen Sit-ins, Go-ins, Teach-ins oder Happenings als neue Beteiligungsformen teilnahmen.[307] Hinzu kamen die Verlage Suhrkamp und S. Fischer mit neuen, kritischen Programmen sowie kulturelle Zentren wie das TAT.[308]

Auch der Bundesvorstand des Sozialistischen Deutschen Studentenbundes (SDS) hatte sein kleines Zentralbüro in der Wilhelm-Hauff-Straße 5 und organisierte um die Vorsitzenden KD Wolff und Hans-Jürgen Krahl von hier aus seine Kommunikation.[309] In der einzigen parteiunabhängigen sozialistischen Hochschulorganisation gewannen ab 1966/67 die „antiautoritäre Bewegung" um Rudi Dutschke und Krahl immer mehr an Einfluss.[310] Ziel der Gruppe war nicht mehr eine Veränderung durch Debatten und Demonstrationen, Resolutionen oder Kongresse, sondern über provakante Aktionen. Diese sollten den autoritären – später faschistischen – Staat zwingen, sich selbst zu entlarven: durch Polizeigewalt bei Demonstrationen, repressive Maßnahmen oder Verhaftungen. Das Vorgehen ließ sich auch auf Schule, Geschlechterverhältnisse oder das allgemeine Zusammenleben übertragen. Stets sollte der autoritäre Apparat (Eltern, Universität, Kirche) zur Reaktion gezwungen werden.[311] Nach seiner Ausweisung aus Frankreich wirkte auch der französische Studentenführer Daniel Cohn-Bendit ab Sommer 1968 in Frankfurt.[312]

Neben den Straßen und dem Universitätscampus Bockenheim kannte Frankfurt weitere Orte der Revolte: Ein Treffpunkt der Linken war der 1962 eröffnete Club Voltaire in der Kleinen Hochstraße 5, wo Hans-Jürgen Krahl und TAT-Regisseur Claus Peymann häufige Gäste waren. Auch Ulrike Meinhof stellte hier

1967 die Bedingungen in Kinder- und Jugendheimen vor, über die sie später in ihrem Buch „Bambule" berichtete. Ein weiterer Treffpunkt war das Kolb-Studentenwohnheim am Beethovenplatz. Hier befanden sich ein Vortragssaal für Veranstaltungen des SDS und ein Keller, der als Tanzsaal fungierte. Zudem eröffnete am Opernplatz im Oktober 1968 mit „Libresso" der erste linke Buchladen, der bis Januar 1979 existierte.[313] Außerdem verfügte Frankfurt mit „Pudding Explosion" auch über den ersten Hippie-Laden der Bundesrepublik.[314] Paul-Gerhard Hübsch (der spätere Schriftsteller Hadayatullah Hübsch) knüpfte mit seinem „Heidi Loves You Shop" an diese Headshop-Bewegung an. Hier verkaufte er für kurze Zeit Bücher, Untergrundzeitungen, Musik, LSD, Haschisch und andere Drogen, bis die Behörden den Laden schlossen.[315]

Die Kritikpunkte der Studentenbewegung richteten sich gegen die verkrusteten Verhältnisse an den Universitäten, die Bildungsmisere, die Sparmaßnahmen im Bildungssektor und die geringen Möglichkeiten zur Mitbestimmung.[316] Die Kritik entzündete sich an den hierarchischen Umgangsformen und Titeln: So waren der Dekan als Spektabilität oder der Rektor als Magnifizenz anzureden.[317] Daher forderten sie eine Drittelparität in den universitären Gremien zwischen Professor*innen, Assistent*innen und Studierenden, einen einfacheren Zugang zu Wissensressourcen und mehr Mitsprache bei Lehrinhalten.[318] Die Universitätsleitungen fuhren eine Doppelstrategie: Sie machten kleine Zugeständnisse, ließen die besetzten Seminarräume aber polizeilich räumen.[319]

Diese bildungspolitischen Aspekte verbanden sich mit politischen Forderungen, die Geschehnisse des Nationalsozialismus aufzuarbeiten, gegen ehemalige Nationalsozialist*innen in Verwaltung, Justiz und Wirtschaft vorzugehen sowie die NPD aus den Parlamenten zu wählen. Fortwährend protestierten die Studierenden gegen die amerikanische Intervention in Vietnam und die Große Koalition, insbesondere im Hinblick auf die von ihr angestrebten Notstandsgesetze. Durch ihre Lebenskultur, Mode und Musik grenzten sie sich bewusst von der Generation ihrer Eltern ab.[320]

In den Medien wurde über die inhaltlichen Forderungen der Studierenden kaum berichtet, lediglich über Krawalle. Eine Ausnahme stellte hier die Frankfurter Rundschau dar, die deren Zielen positiv gegenüberstand. Daher versuchten die Studierenden über Flugblätter insbesondere Arbeiter*innen für ihre Sache zu gewinnen – mit wenig Erfolg.[321] Die Unterstützung aus den Betrieben und der damit erhoffte Generalstreik blieben aus. Doch seit 1967 angestoßene Veränderungen im Alltagsleben, wie Wohngemeinschaften und Kinderläden, hatten Bestand.[322]

Die Studentenbewegung teilte die Gesellschaftskritik von Horkheimer und Adorno. Im Gegensatz zu ihren Professoren wollten die Studierenden aber auch einen revolutionären Umsturz und eine Beseitigung des kapitalistischen Systems.[323] Krahl und weitere SDS-Vertreter*innen warfen ihren Lehrern der „Kritischen Theorie" mangelndes praktisches Handeln vor und dass sie aus ihren Theorien keine brauchbaren Lösungsansätze entwickelten.[324] Jedoch stimmten Horkheimer und Adorno mit der studentischen Kritik an den USA nicht überein. Dort hatten sie Asyl vor der NS-Verfolgung erhalten. Durch die Verteidigung der USA und deren Vorgehen in Vietnam war der Konflikt mit ihren Studierenden unausweichlich.[325]

Nach der Verabschiedung der Notstandsgesetze und internen Diskussionen um die Ziele verlor die Studentenbewegung in der zweiten Jahreshälfte 1968 an Schwung. Es standen sich zwei schwer vereinbare Strömungen gegenüber: Eine Gruppe wollte das kapitalistische System beseitigen und durch ein Gesellschaftssystem nach sowjetischem oder chinesischem Vorbild ersetzen. Die zweite Strömung wollte im bestehenden politischen System Reformen erreichen,

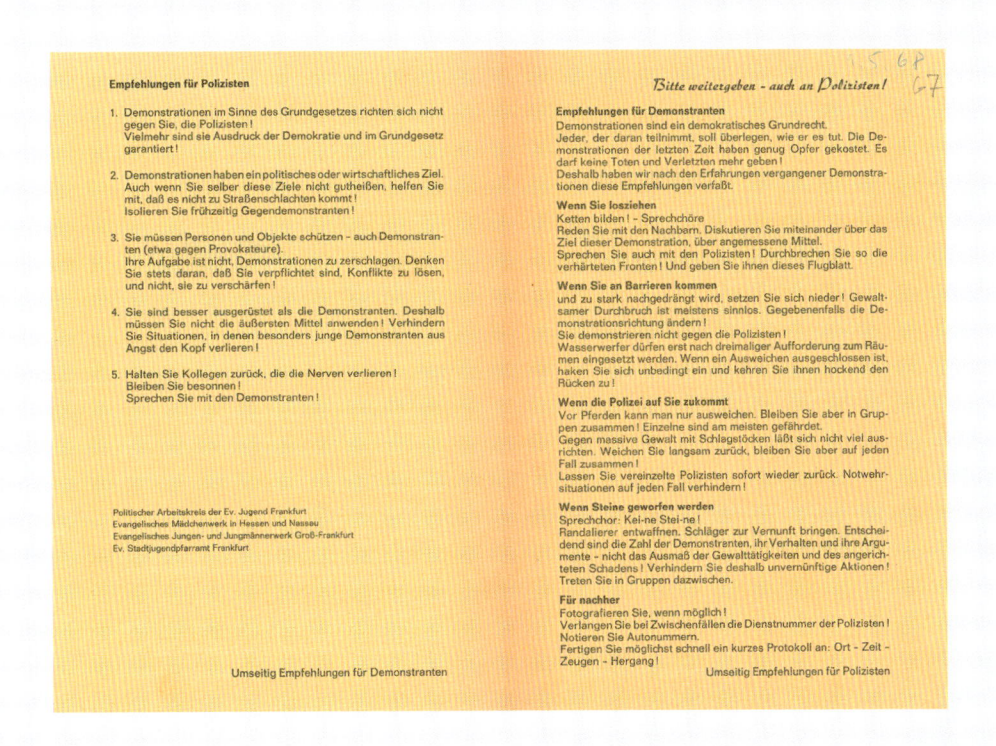

Flugblatt mit Verhaltenshinweisen für Demonstrant*innen und Polizei, 9. Mai 1968

insbesondere im Bildungsbereich durch neue Lehrinhalte und mehr Mitbestimmung für Studierende.[326] Eine Einigung auf gemeinsame Positionen blieb 1969 aus. Insgesamt verlief das Protestjahr 1969 ruhig. Die breite, politische Protestbewegung des Jahres 1968 hatte sich nach Verabschiedung der Notstandsgesetze bereits aufgelöst.[327]

Der SDS verlor im Februar 1969 mit 20 Prozent der Stimmen die Mehrheit im Studentenparlament. Als Wahlsieger ging das Aktionskomitee Demokratischer Studenten hervor, das Reformen an der Universität, aber keine Herrschaft des Proletariats wollte.[328] Einer Kundgebung beim Ostermarsch am 30. März 1969 folgten Sachbeschädigungen und Ausschreitungen militanter Mitglieder des SDS. Daraufhin distanzierte sich das Ostermarschkomitee von den Ereignissen und zog hiermit einen klaren Trennungsstrich zwischen SDS und Friedensbewegung.[329] Im Anschluss spaltete sich der SDS in mehrere Gruppen auf und löste sich schließlich am 21. März 1970 im Frankfurter Studentenhaus auf. Krahl als einer der Köpfe der Frankfurter Bewegung war kurz zuvor bei einem Autounfall ums Leben gekommen.[330]

Derweil zählte die Goethe-Universität 1969 mehr als 17.000 Studierende. Wie heute war der Wohnraum knapp. Zwar hatten sechs Studentenehepaare für die Dauer ihres Studiums eine Wohnung in der Nordweststadt erhalten, doch der Großteil musste sich auf dem Frankfurter Wohnungsmarkt umsehen und Ende der 1960er Jahre zwischen 100 und 300 Mark für ein Zimmer entrichten. Daher wohnten noch rund 50 Prozent zu Hause und sparten sich damit die hohen Mieten. Wer nicht pendeln oder weiter zu Hause wohnen wollte, arbeitete nebenbei, um Miete und Studium finanzieren zu können.[331] So hat sich an den Bedingungen bis heute wenig geändert.

Streik, Besetzung und Proklamierung der „Gegenuniversität", 29. Mai 1968

Im Rahmen der Besetzung der Universität vom 15. bis 30. Mai 1968 änderten Studierende in der Nacht vom 28. auf den 29. Mai den Namen der Hochschule in „Karl-Marx-Universität".[332] Auf dem Studentenhaus prangte passenderweise der Schriftzug „Che-Guevara-Haus" in roter Farbe.[333]

Unistreik und Scheitern: Ende der Studentenbewegung

Die Proteste gegen die Springer-Presse und die Notstandsgesetze begleitete im Mai 1968 ein „aktiver Streik" der Studierenden. So besetzten am 15. Mai 2.500 Studierende Räume der Universität und das Rektorat, störten oder blockierten den Lehrbetrieb, veranstalteten Besäufnisse und riefen die „Karl-Marx-Universität" aus.[334] Erstmals unterstützten 10.000 Arbeiter*innen, die bei der Frankfurter Rundschau und vielen Metallbetrieben zeitweise die Arbeit niederlegten, die Proteste der Studierenden gegen die Notstandsgesetze. Sachbeschädigungen lehnten sie hingegen ab. Auch 1.000 Schüler*innen streiken.[335]

Obwohl sich die Mehrheit am 16. Mai für die Wiederaufnahme des Studienbetriebs aussprach, blieb die Universität besetzt. Senat und Rektor trafen am 24. Mai den Beschluss, den Lehrbetrieb bis zum 1. Juni einzustellen.[336] Unter dem Schlagwort der „Politischen Universität" setzte der SDS während des Streiks einen alternativen Lehrplan mit gut zwei Dutzend Seminaren um – u.a. mit Oskar Negt und Hans-Jürgen Krahl.[337]

Der hessische Verkehrs- und Wirtschaftsminister Rudi Arndt versuchte erfolglos die Studierenden am 29. Mai 1968 zum Ende des Streiks zu bewegen.[338] Als in der Nacht vom 29. auf den 30. Mai in den Räumen des Rektorats und im Prüfungsamt der Wirtschafts- und Sozialwissenschaftlichen Fakultät weitere Gelage stattfanden, dabei Prüfungsakten und Eigentum entwendet wurden und sich mehrere Studierende auf den Boden übergaben, ordnete Rektor Walter Rüegg für die Morgenstunden die Räumung an. Um 9 Uhr rückten zwei Hundertschaften der Polizei an, fanden aber meist leere Räume vor.[339] Neben Talaren wurde auch die Amtskette entwendet und tauchte nie mehr auf.[340] Die Folgen waren Straßenschlachten und Barrikaden auf den Straßen. Schauspielintendant Harry Buckwitz sagte die Abendvorstellung ab und ließ im Theater diskutieren.[341]

Die Polizei sicherte bis in die Morgenstunden des 5. Juni 1968 die Universitätsräume, wo durch die Besetzung rund 70.000 DM an Schaden entstanden waren.[342] Zahlreiche Frankfurter*innen schrieben aber auch an Rektor Rüegg und forderten, mit „harter Hand" gegen die Aktivist*innen vorzugehen.[343]

Nach der Verabschiedung der Notstandsgesetze stand die „68er"-Bewegung vor dem Scheitern. Der gemeinsame Nenner fehlte und die ideologischen Unterschiede traten deutlich zu Tage.[344] In der Folgezeit verlagerten sich die Diskussionen und Aktionen vom Stadtraum auf den Universitätscampus. Doch die beabsichtigten Reformen im Universitätsbetrieb blieben unerreicht. Der Senat ging nicht auf die Forderung nach mehr Mitspracherecht bei den Lehrinhalten und der Gestaltung der Seminare ein.[345]

Es folgte ein zweiter Streik zwischen Dezember 1968 und Januar 1969, in dessen Folge Studierende die AfE-Abteilung, das Soziologische Seminar und das Institut für Sozialforschung temporär besetzten und den Lehrbetrieb beeinträchtigten.[346] Doch die Studierenden konnten sich nicht auf gemeinsame Ziele einigen. So wurden mehrere Versammlungen ergebnislos abgebrochen oder vertagt.[347]

Eine weitere Institutsbesetzung erfolgte am 31. Januar 1969, als 76 Studierende den Seminarraum des Instituts für Sozialforschung okkupierten, woraufhin die Direktoren Theodor W. Adorno und Ludwig von Friedeburg die Räumung durch die Polizei noch am selben Abend anforderten.[348] Den Polizeieinsatz nahmen die Studierenden insbesondere Adorno übel, der nun zur Zielscheibe wurde. „Adorno als Institution ist tot", lautete das Schlusszitat des Flugblattes, das im Vorfeld seiner Vorlesung „Einführung in das dialektische Denken" am 22. April 1969 verteilt wurde. Als er den Saal betrat, umringten ihn drei Studentinnen in Lederjacken, bestreuten ihn mit Blüten und entblößten ihre Brüste.[349]

Im Juli 1969 standen sich Adorno und Krahl wegen dessen Beteiligung an der Institutsbesetzung im Gerichtssaal gegenüber, wo Krahl seinen Lehrer verbal angriff. Die Umstände müssen Adorno schwer belastet haben. Nur wenige Wochen später verstarb er am 6. August im Tessin an einem Herzinfarkt.[350] Für manche markiert Adornos Tod das Ende der „68er"-Bewegung. Nach der Bundestagswahl am 28. September 1969 bildete sich die erste sozialliberale Koalition, die Reformen auch des kapitalistischen Systems anstieß. Auf Brandts Credo „Wir wollen mehr Demokratie wagen" folgte eine politische Aufbruchsstimmung in der Bundesrepublik.[351]

Streik und Besetzung der Goethe-Universität, 27. Mai 1968

Direktor Walter Rüegg reagierte auf den Streik mit Aussperrung der Studierenden. Diese monierten auf Plakaten die Vorgehensweise und forderten aktive Beteiligung von ihren Kommiliton*innen: „Wer sich am Tage der Verabschiedung der NS-Gesetze nicht aktiv am Widerstand beteiligt, toleriert entgegen seinen Lippenbekenntnissen die wachsende Faschisierung der BRD ..."[352]

SDS-Bundesvorstand KD Wolff, Hans-Jürgen Krahl und Frank Wolff (vorne, v.l.n.r) bei der 23. Bundesdelegiertenkonferenz in Frankfurt, 12. bis 16. September 1968

Endlose Debatten, keine Aussagen zu Frauenthemen und keine Beschlüsse über das weitere Vorgehen: Bei der Bundesdelegiertenkonferenz waren die tiefen Gräben im SDS nicht mehr zu übersehen. Einem Mitglied des „Weiberrates" reichte es am 13. September: Sigrid Rüger warf sechs Tomaten auf Hans-Jürgen Krahl und untermauerte damit symbolhaft die Kritik des „Weiberrates", der SDS-Vorstand unternehme nichts gegen die Diskriminierung von Frauen. In der Folge organisierten an vielen Universitäten die „Weiberräte" die neue Frauenbewegung ohne männliche Beteiligung.[353]

Besetzung des Soziologischen Seminars und Verhandlungen mit Ludwig von Friedeburg (l.) und Jürgen Habermas, 17. Dezember 1968

Da die Diskussionen über eine paritätische Besetzung der universitären Gremien zu keinem Ergebnis führten, tauften Studierende das am 8. Dezember 1968 besetzte Seminar in der Myliusstraße 30 in „Spartakus-Seminar" um.[354] Mehrere Aussprachen zwischen dem Streikkomitee und den Professoren Habermas, von Friedeburg und Mitscherlich endeten ergebnislos.[355] Erneut griff die Professorenschaft auf Polizeigewalt zurück, die am 18. Dezember 1968 das verlassene Seminargebäude übernahm. Habermas hatte in der Nacht zuvor die Streikwache von der bevorstehenden Polizeiaktion um 5 Uhr informiert. Wie beim ersten Streik bröckelte die Zustimmung schnell.[356]

**Proteste bei der Verleihung des Friedenspreises des Deutschen Buchhandels,
22. September 1968**

Die Verleihung an den senegalesischen Präsidenten und Dichter Léopold Senghor begleiteten laute Buhrufe vor der Paulskirche und Auseinandersetzungen zwischen Polizei und Demonstrant*innen. Zu Berühmtheit gelangte Daniel Cohn-Bendit, als er die Absperrung durchbrach. Die Protestierenden stürmten auch die Buchmesse, wo Senghor sein Buch vorstellte.[357]

Rückmeldeboykott: Absperrung des Hauptgebäudes der Goethe-Universität, 28./29. April 1969

Infolge des vergeblichen Versuches der nachträglichen Immatrikulation des von der Ausweisung bedrohten persischen Studenten Ahmad Taheri kam es erneut zu schweren Krawallen zwischen linksgerichteten Studierenden und Polizeikräften. Die Demonstrant*innen errichteten Barrikaden und legten den Verkehr lahm. Die Polizei setzte erstmals Tränengas ein, was zu Verletzten auf beiden Seiten führte.[358]

Veranstaltung von streikenden Student*innen mit Schüler*innen zum Bildungsnotstand, 13. Dezember 1968

Schüler*innen beteiligten sich ebenso mit Protesten und Streiks an den Bildungsdiskussionen. Nach Ohnesorgs Tod gründete sich im Juni 1967 das „Aktionszentrum Unabhängiger und Sozialistischer Schüler" (AUSS), das 1968 in Frankfurt rund 4.000 Mitglieder hatte. Sie verteilten an den Schulen Flugblätter gegen Leistungsdruck, Zensur ihrer Schülerzeitung und für bessere sexuelle Aufklärung.[359]

Schlaglicht

BILDUNGSNOTSTAND

Eine der bestimmenden Fragen der 1960er Jahre war die Reform des Bildungswesens. Lehrermangel, antiquierte Methoden, überfüllte Klassenräume mit bisweilen 40 Schüler*innen, ständiger Stundenausfall und Schichtunterricht stellten Ende der 1950er Jahre die Regel dar.[360] Die Re-education-Bestrebungen hatten auf das deutsche Bildungssystem vor 1933 zurückgegriffen, grundlegende Reformen bei Lernmethoden und der Darstellungen in Schulbüchern aber teils vermieden.[361] Zudem herrschte ein großes Bildungsgefälle zwischen Stadt und Land und den einzelnen Bundesländern.[362] Als Georg Picht 1964 sein Werk „Die deutsche Bildungskatastrophe" publizierte, waren die Missstände und die von den Pädagogen angestoßenen Reformdiskussionen in aller Munde.[363]

Das „Hamburger Abkommen" 1964 schuf für das föderale deutsche Schulsystem einheitliche Regelungen wie eine allgemeine Schulpflicht von neun Jahren, einen einheitlichen Beginn der Schuljahre in Sommer und Winter sowie gemeinsame Schulbezeichnungen in Form von Hauptschule, Realschule, Gymnasium und Fachoberschule. Als nächster Schritt folgte 1965 die Einsetzung einer Bildungskommission aus Vertretern von Bund und Ländern.[364]

Obwohl sich der umfangreiche Reformkatalog nicht in Gänze umsetzen ließ – zu groß waren die Widerstände bei Professor*innen und Schulaufsichten –, erzielten die Maßnahmen dennoch große Wirkung. In der Summe bauten Bund und Länder das Bildungssystem qualitativ wie quantitativ über Jahrzehnte aus und stießen Reformen an: Nun lernten die Schüler*innen ab der 5. Klasse obligatorisch eine Fremdsprache, zwischen den Schulformen herrschte eine größere Durchlässigkeit, die 10. Schulklasse wurde eingeführt und die Lehrerausbildung differenziert nach Schultypen reformiert. Als neues Ziel galt, 25 Prozent eines Jahrgangs zur Hochschulreife auszubilden.[365] Dies sorgte für einen Ausbau der Kapazitäten an Universitäten und Fachhochschulen. Noch im Laufe der 1960er Jahre entstanden Campus-Universitäten in Bochum, Bielefeld oder Konstanz am Rande der Städte.[366] Rein quantitativ erhöhte sich die Zahl der Schüler*innen von 6,65 Millionen 1960 auf 8,97 Millionen 1970, die Zahl der Lehrkräfte von 210.000 (1960) auf 425.900 im Jahre 1975.[367]

Die Studierenden wollten nicht nur die Hochschulen durch ein Ende der Ordinarienuniversität reformieren, sondern das gesamte Bildungssystem. So forderten sie antiautoritäre Erziehung in Kinderläden oder Zugang zu Bildung für alle Schichten gleichermaßen. Die neuen Bildungschancen fanden auch in der Gründung von Lehrlingstheatern, kommunalen Kinos und Arbeiterschriftstellervereinen ihren Ausdruck.[368]

In den 1968 in Berlin, Stuttgart oder Hamburg gegründeten Kinderläden und der 1967 in Bockenheim durch Monika Seifert ins Leben gerufenen Kinderschule sollten den Kleinsten demokratische Werte vermittelt werden. Ohne autoritäre Erziehung und damit eine autoritäre Persönlichkeitsstruktur, die nach Adorno zum Faschismus geführt hatte, sollten Kinder ihre Potenziale und Persönlichkeit selbst entwickeln.[369] Auch das Historische Museum Frankfurt ist eine Folge der neuen Bildungskonzepte. Das 1972 eröffnete Haus verstand sich als offener Bildungsraum mit der Aufgabe der politischen Bildung und Erziehung, in dem Menschen am politischen Diskurs teilnehmen.[370]

UG - DEPARTURE
12
11
17 18 19
FREE SHOP
INTERNATIONALE
ER GOODS
JEWELRY

Proteste am Flughafen: Mehr Starts bei weniger Lärm

Dauerhaft steigende Fluggastzahlen und Beförderungsquoten sorgten für einen Boom am Rhein-Main-Flughafen. Dieser bedurfte eines ständigen Ausbaus der Terminals, Landebahnen und Hallen. Planungen für weitere Ausbaustufen und Debatten um die Vereinbarkeit von Fliegen und Fluglärm mit dem Umweltschutz und den Ruhebedürfnissen der Anwohner*innen waren die Folge.

Den 1961 von der Flughafen Frankfurt/Main Aktiengesellschaft (FAG, heute Fraport) vorgelegten Plan für einen Ausbau lehnten die umliegenden Gemeinden ab.[372] Insgesamt 44 Anfechtungsklagen gingen bis März 1968 gegen den letztlich aufgehobenen Planfeststellungsbeschluss ein.[373] Angesichts der Widerstände, mehrjähriger Gerichtsverfahren und schwerer Proteste verzögerte sich die Verlängerung der Nord- und Südlandebahn. Die neue Startbahn West erlebte erst im November 1981 den Flugbetrieb.[374]

Die Politik war gespalten: Während die Nachbargemeinden auf eine Verringerung der Flüge pochten, war Oberbürgermeister Willi Brundert in seiner Funktion als Aufsichtsratsvorsitzender der Flughafengesellschaft gegen ein Nachtflugverbot.[375] Um die ständige Erweiterung des Frankfurter Flughafens einzudämmen, Natur- und Umweltschutz einzufordern und mehr Lebensqualität für die Bewohner*innen im Rhein-Main-Gebiet zu schaffen, schlossen sich auf Initiative von Pfarrer Kurt Oeser 1965 38 Personen zur „Interessengemeinschaft zur Bekämpfung des Fluglärms" zusammen. Sie fanden bis 1966 bereits 15.000 Unterstützer*innen.[376]

Abseits der Gerichtsverfahren erreichten die Aktivist*innen seit 1962 eine Reduzierung der Fluglärmbelastungen. Flugrouten sollten möglichst über unbewohntes Gebiet führen und die Beeinträchtigungen durch Fluglärm bei der Erschließung neuer Siedlungsgebiete Berücksichtigung finden. Als weitere Maßnahmen berief die Hessische Landesregierung 1965 einen Lärmschutzbeauftragten und im Oktober 1966 nahm die Kommission zur Abwehr des Fluglärms ihre Tätigkeit auf. Beide sollten Bestimmungen zur Verringerung des Fluglärms erarbeiten und die Bevölkerung in den Prozess einbinden.[377]

Abflughalle für Auslandsflüge, Februar 1966
Die Zahl der Starts und Landungen vervierfachte sich von 21.500 im Jahr 1951 auf 85.000 (1960) und stieg 1968 auf 167.000. Analog wuchs die Passagierzahl zu diesen Zeitpunkten von 260.000 auf 2,2 Millionen und schließlich auf 7 Millionen. Gleichzeitig erhöhte sich das Frachtaufkommen von 47.000 Tonnen 1960 auf 327.000 Tonnen 1970. Mit 9,4 Millionen Fluggästen überschritt das erst 1965 erweiterte Empfangsgebäude 1970 erneut seine Kapazitätsgrenze.[371]

Ausbaumaßnahmen am Rhein-Main-Flughafen, um 1967

Schon in den 1950er Jahren wurden die Startbahn Nord zweimal auf schließlich 3,6 Kilometer verlängert, zahlreiche Gebäude erweitert und 1958 ein neuer Kontrollturm in Betrieb genommen.[380] Der Ausbau setzte sich in den folgenden Jahrzehnten fort. So beschloss die FAG 1962, ein neues Empfangsterminal und eine neue Startbahn zu errichten.[381] Den Grundstein für das neue Terminal Mitte legte Rudi Arndt im Juni 1965, 1972 konnte die Eröffnung gefeiert werden.[382]

Lärmüberwachung mit Lärmmesswagen am Frankfurter Flughafen, 1978

Um die Lärmentwicklungen bei An- und Abflug zu überwachen, errichtete die FAG seit Oktober 1964 zwölf Messstationen zwischen Offenbach, Langen und Rüsselsheim.[383] Diese lieferten erstmals tagesdurchschnittliche Werte der Belastungen durch Fluglärm und führten zwischen 1965 und 1968 zu Lärmentlastungen durch eine Neuordnung der Abflugstrecken und die Einführung neuer Abflugverfahren.[384] In den 1970er Jahren lieferten zusätzlich mobile Wagen Messwerte.

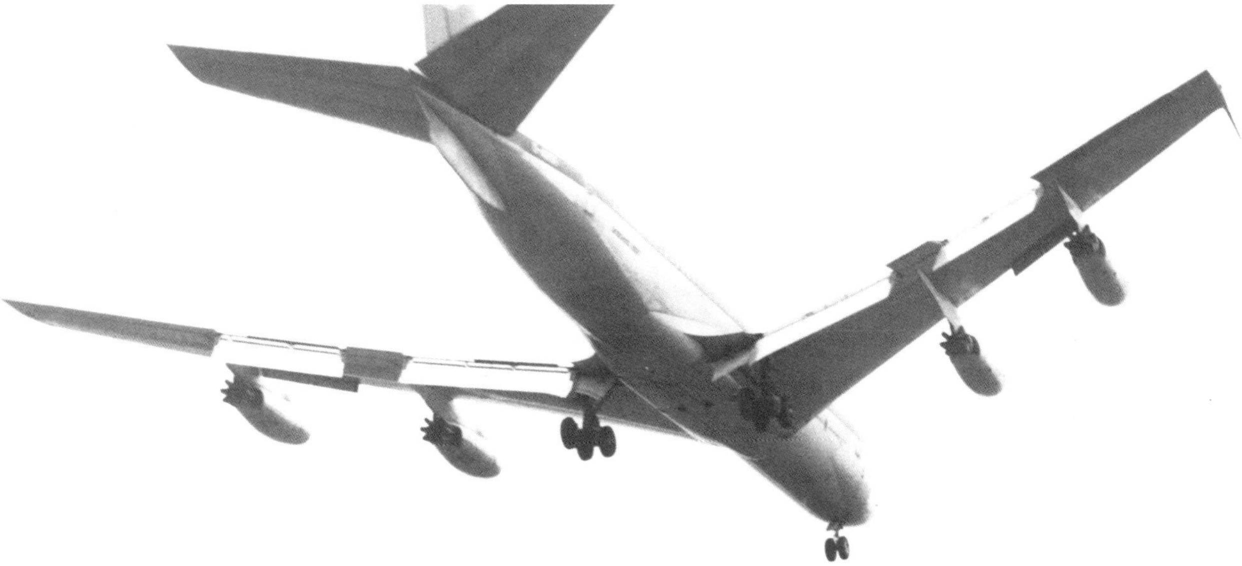

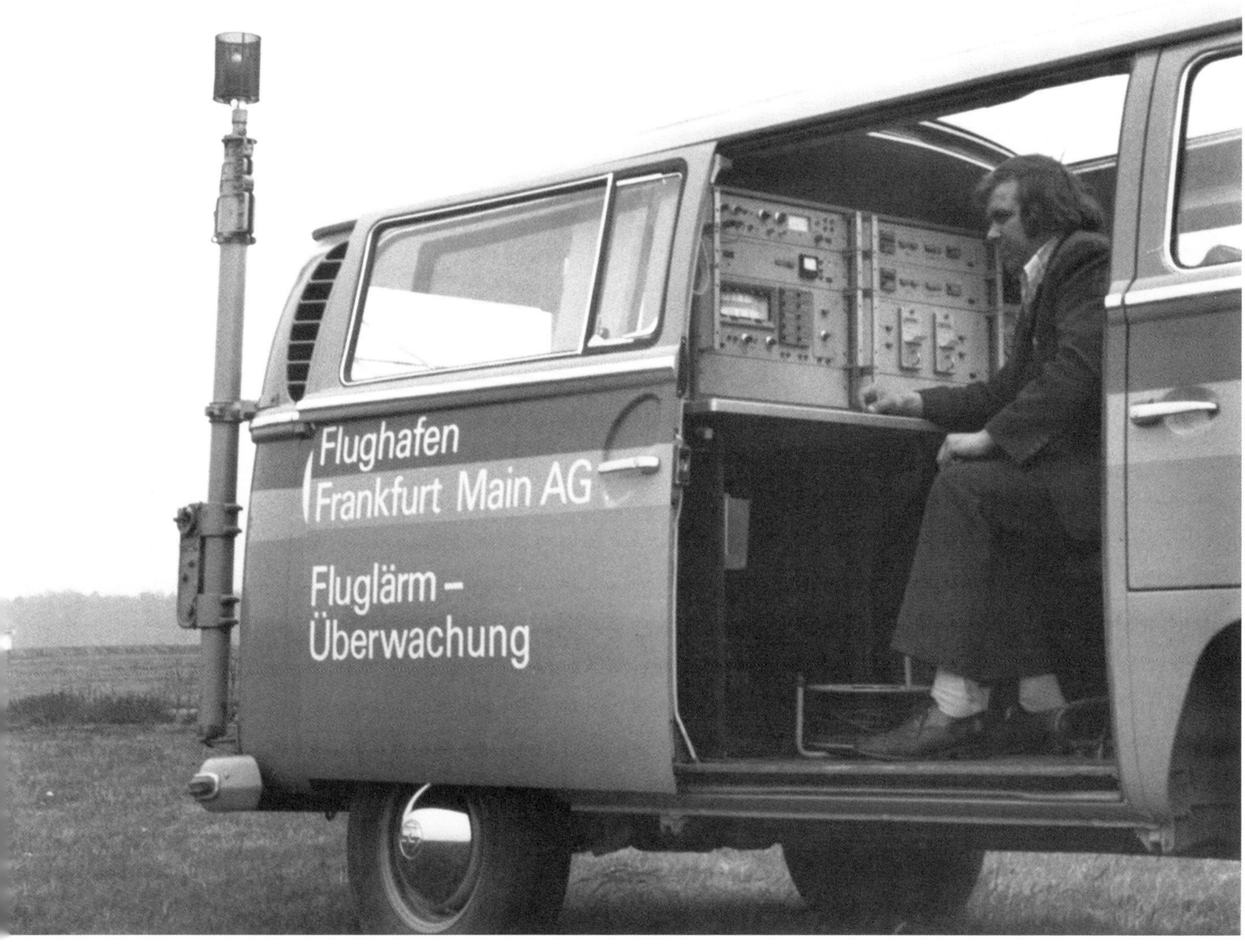
Flughafen
Frankfurt Main AG
Fluglärm –
Überwachung

**Farbwerke Hoechst AG mit Forschungszentrum und neuer Pharma-Fertigung,
12. Oktober 1967**

Die Farbwerke Hoechst AG erwirtschafteten 1963 einen Umsatz von 3,5 Milliarden DM, der sich bis zum Ende des Jahrzehnts durch Übernahmen und Erweiterungen auf 14 Geschäftsbereiche verdreifachte. Zum 100-jährigen Firmenjubiläum beschloss der Vorstand, dem Unternehmen ein 30-Millionen-Geschenk zu machen: die Jahrhunderthalle. Friedrich Wilhelm Kraemer realisierte die firmeneigene Mehrzweckhalle, gekrönt von einer 25 Meter hohen Kuppel und mit Platz für 4.000 Personen in zwei 1963 und 1965 vollendeten Abschnitten.[385]

Boom und Pleiten: Wirtschaft und Messen

Nach dem Wirtschaftsboom der Nachkriegszeit brachten die 1960er Jahre eine Phase der Konsolidierung und Stabilität. Besondere Bedeutung für die Frankfurter Industrie hatten die Branchen Chemie, Maschinenbau und Elektrotechnik. Die Farbwerke Hoechst, die Metallgesellschaft, die Degussa, die Rüttgerswerke und der Telekommunikationskonzern Telenorma zählten 1965 zu den 100 größten Industrieunternehmen der Bundesrepublik. Hinzu kamen die Handelsriesen Neckermann und Andreae-Noris Zahn (Anzag). Die Banken, Versicherungen und die Börse machten Frankfurt zur Wirtschaftsmetropole. So wurde 1966 ein Drittel aller Notenbankkredite am Main abgewickelt.[386]

Obwohl die Betriebe in den 1960er Jahren nicht mehr die Zuwächse der Wirtschaftswunderjahre vermelden konnten, stiegen die Umsätze der Frankfurter Wirtschaft von 4,75 Milliarden DM (1960) auf 9,23 Milliarden DM (1969).[387] Unternehmen wie Telenorma oder Anzag bilanzierten jeweils über eine halbe Milliarde DM Umsatz jährlich, das Versandhaus Neckermann für 1968 sogar 1,5 Milliarden DM.[388] Die 1960 bezogene Neckermann-Zentrale an der Hanauer Landstraße bestach nicht nur durch ihre Architektur,[389] sondern verfügte seinerzeit über die größte IBM-Rechenanlage Europas. Hiermit konnte Neckermann 150.000 Kundenaufträge täglich bearbeiten.[390]

Doch Frankfurt vermeldete auch Pleiten. In Rödelheim produzierten die Torpedo-Werke in den 1950er Jahren erfolgreich Schreibmaschinen. Die Aktie stieg bis auf 5.000 DM und war damit zeitweise das teuerste Wertpapier an der Frankfurter Börse. Doch der amerikanische Inhaber Remington-Rand verpasste den Umstieg zur elektrischen Schreibmaschine. So ging es rasch bergab: Auf Verluste 1961 folgten ein Jahr später erste Entlassungen und schließlich 1966 Massenkündigungen und die Schließung.[391]

Langsam begann sich die Arbeitswelt zu verändern. Sukzessive sank die wöchentliche Arbeitszeit von 45 Stunden und in der Fertigung setzten Automatisierungen ein. Bei der Berufswahl wandten sich junge Männer oft technischen Berufen zu, während Frauen eher in Verwaltungs- oder Dienstleistungsberufen zu finden waren. Es herrschte Vollbeschäftigung: Die Arbeitslosenquote im Arbeitsamtsbezirk Frankfurt lag im Durchschnitt bei 0,3 Prozent.[392]

Freizeit und Haushalt verbinden sich bei der Hausfrauen-Messe, 24. April 1968
National und international genoss Frankfurt weiterhin einen guten Ruf als Messestadt. Die Internationalen Frankfurter Frühjahrs- und Herbstmessen mit jeweils mehr als 3.000 Ausstellern, die Interstoff als Fachmesse für Bekleidungstextilien, die Internationale Pelzmesse, die Buchmesse oder die Hausfrauen-Ausstellung zogen jährlich Tausende von Besucher*innen an.[393]

**Messestand von Mercedes bei der 42. Internationalen Automobilausstellung,
17. September 1965**
Seit 1951 war Frankfurt Austragungsort der alle zwei Jahre stattfindenden Internationalen Automobilausstellung. Die Schau vermeldete Veranstaltung für Veranstaltung neue Besucherrekorde, steigende Zahlen an Ausstellern, Vorführwagen und Probefahrten. Jeder wollte die neuen, komfortableren Modelle sehen und überlegte, sich ein neues Statussymbol zuzulegen.[394]

**Sonderzug nach Bari bringt italienische Gastarbeiter*innen in ihre Heimat,
12. November 1965**

Frankfurts Hauptbahnhof diente als Transitbereich quasi als zweites Zuhause der Gastarbeiter*innen. Zahlreiche Bilder von den Zugfahrten versinnbildlichen ihr damaliges Leben zwischen den Welten.[395] Ende 1960 arbeiteten bereits etwa 20.000 Gastarbeiter*innen in Frankfurt, eine Zahl, die sich bis 1963 fast verdoppelte. 1964 stammte ein Drittel aus Italien und ein Viertel aus Spanien. Zu einem Fünftel handelte es sich um Frauen.[396]

Arbeitsmigration mit offenem Ausgang: „Gast"-Arbeiter*innen

Im Zuge der Vollbeschäftigung warben Büros großer Unternehmen im Ausland um neue Arbeitskräfte.[397] So kamen 1960 die ersten Gastarbeiter*innen in größerer Zahl nach Frankfurt.[398] Fünf Jahre zuvor hatte die Bundesregierung einen ersten Vertrag zur Anwerbung ausländischer Arbeitskräfte mit Italien geschlossen,[399] gefolgt von weiteren Vereinbarungen mit Spanien, Griechenland und der Türkei 1960/61, mit Portugal 1964 und schließlich vier Jahre später mit Jugoslawien.[400] 1964 fand mit Armando Rodrigues der millionste Gastarbeiter in der Bundesrepublik Anstellung, 1972 betrug deren Zahl zwei Millionen.[401]

Die Gastarbeiter*innen fanden meist eine Stelle im Baugewerbe, der Metallindustrie oder im Bergbau – allesamt Sparten, in denen sich schwer deutsche Beschäftigte gewinnen ließen.[402] Dabei verfügten sie als billige Arbeitskräfte über weniger Rechte als ihre deutschen Kolleg*innen. Sie erhielten nur begrenzte Arbeitsverträge und Aufenthaltsgenehmigungen, keine betriebliche Altersvorsorge oder Erholungskuren.[403]

Obwohl erst die 1971 erlassene Arbeitserlaubnisverordnung unbefristete Beschäftigungsverhältnisse für Gastarbeiter*innen gewährte[404] und Konzepte zu Familienintegration, Familiennachzug oder Sportvereine fehlten,[405] versuchten die Arbeitsmigrant*innen seit den 1960er Jahren sesshaft zu werden.[406] Sie wollten nicht auf Partner*in und Familie verzichten, holten diese nach und suchten sich auf dem angespannten Wohnungsmarkt – teils mit Wuchermieten wie im Westend oder Bahnhofsviertel – eine Bleibe.[407]

Seit 1960 boten die Gewerkschaften Rechtsberatungen an, die VHS organisierte von der Stadt und dem Arbeitsamt finanzierte Sprachkurse und Veranstaltungen.[408] Das 1962 von Industrie, Bundesanstalt für Arbeit und italienischem Staat geschaffene „Centro Italiano" in der Vogelweidstraße bot die „Blaupause"[409] für eine Reihe nationaler Zentren unter Trägerschaft deutscher Wohlfahrtsorganisationen: Die Caritas sorgte für Italiener*innen, Spanier*innen, Portugies*innen und Kroat*innen, die Evangelische Diakonie nahm sich den griechischen und die AWO den türkischen Arbeitsmigrant*innen an.[410] Erst 1973 – im Jahr des Anwerbestopps – schuf Frankfurt ein Konzept für den Schulunterricht der Gastarbeiterkinder. Vorbereitungsklassen für 2.300 Kinder sollten ihnen Grundkenntnisse des Deutschen vermitteln und helfen, die Sprachbarriere zu überwinden.[411]

Blick auf das Gastarbeiterlager Niederrad, 1962

Die Unterbringung in der Bundesrepublik oblag den anwerbenden Unternehmen, die die Gastarbeiter*innen häufig in Gemeinschaftsunterkünften auf dem Firmengelände nach Geschlechtern getrennt einquartierten.[412] Sie wirkten nicht nur in den hiesigen Fabriken. Auch die Stadt Frankfurt beschäftigte Gastarbeiter*innen, allein 1963 über 320 vornehmlich in der Stadtreinigung und den Kliniken. Sie wohnten ebenfalls größtenteils in Baracken auf betriebseigenen Geländen.[413]

Schlaglicht

WOHNBEDINGUNGEN DER GASTARBEITER*INNEN

Seit 1960 boten die Gewerkschaften Rechtsberatung für die Gastarbeiter*innen an, die VHS organisierte von der Stadt und dem Arbeitsamt finanzierte Sprachkurse und Veranstaltungen und das Stadtgesundheitsamt überwachte die Wohnverhältnisse. Dies tat auch dringend Not, wie ein Blick auf die teilweise katastrophalen Wohnbedingungen verdeutlicht: In der Heddernheimer Landstraße wohnten in einer Baracke eine spanische Familie mit 14 Personen bei einer Miete von 550 DM, in einem Kellerraum gar 16 Italiener*innen und Spanier*innen, darunter fünf Kinder. Sie zahlten für einen feuchten, kalten und muffigen Keller 220 DM Miete und mussten sich eine Toilette und eine Wasserstelle teilen. In beiden Unterkünften gab es für jeweils zwei Personen nur ein Bett.

Freunde hatten die Familien mit der Aussicht auf guten Lohn nach Frankfurt gelockt. Sie kamen trotz fehlender Sprachkenntnisse und ohne offizielle Vermittlung einer Firma. Arbeit fanden sie bei den Vereinigten Deutschen Metallwerken in Heddernheim, aber der Arbeitgeber konnte keine Wohnung stellen. Die Kinder besuchten zwar teilweise den Kindergarten oder die Schule, aber wie bei den Eltern erschwerte die Sprachbarriere das Zusammenleben.[414]

Der Vermieter der Kellerwohnung und das Arbeitsamt widersprachen der Darstellung des Fürsorgeamtes und argumentierten, dort wohnten nur neun Personen bei einer Miete von 120 DM. Der Vermieter habe in einer Notsituation helfen wollen und daher die Kellerräume verputzt und hergerichtet, da niemand die ausländischen Arbeitskräfte unterbringen wollte.[415] Über die Wahrheit geben die Akten keine Auskunft.

Auch im Laufe der 1960er Jahre blieb die Wohnsituation für die ausländischen Arbeitskräfte angespannt und so gerieten sie in den Spekulationen um das Westend als Cityerweiterungsbereich zwischen die Fronten. Perfide Eigentümer*innen nutzten die Notlage der Gastarbeiter*innen aus und vermieteten Wohnungen in zum Abbruch bestimmten Häusern zu Höchstpreisen an die Arbeitsmigrant*innen. Diese konnten angesichts ihrer wirtschaftlichen und rechtlichen Lage keine Sanierung des Wohnraums fordern und mussten die hohen Mieten zahlen. Zugleich wurden benachbarte Häuser unattraktiver, sodass sie schließlich leichter zu Büroflächen umgewidmet werden konnten. Die Aktionsgemeinschaft Westend listete 1969 14 Häuser auf, in denen dieses Vorgehen angewendet wurde, im August 1970 hatte sich die Liste der Gastarbeiterhäuser auf 47 erhöht.

Die Wohnsituation – geprägt durch die Unterbringung in Baracken oder in überteuerten oder überbelegten Mietwohnungen – sowie die Fragen des Familiennachzugs und der Eingliederung der Kinder in Kindergarten und deutsches Schulwesen bestimmten das Leben der Migrantenfamilien auch in den 1970er Jahren weiter.[416]

Auch die Religionsausübung fand nur provisorisch statt: So nutzten die muslimischen Gläubigen zwei kleine Räume in einem Hinterhaus in der Münchener Straße für Gottesdienste. Im März 1969 schrieb der türkische Generalkonsul an Oberbürgermeister Willi Brundert und forderte für die muslimischen Gastarbeiter*innen Unterstützung vonseiten der Stadt zur Ausübung ihres Glaubens.[417]

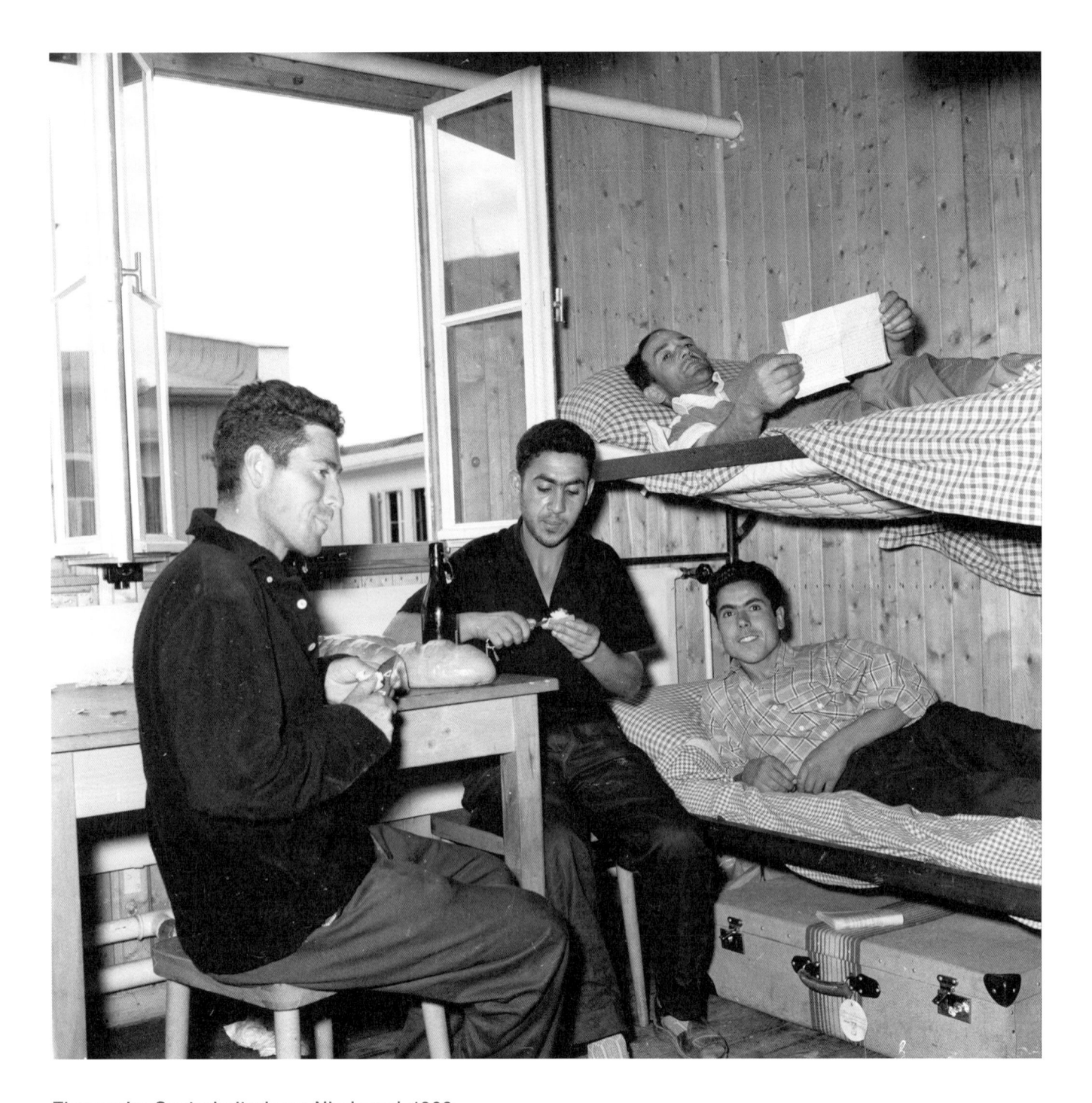

Zimmer im Gastarbeiterlager Niederrad, 1962

Jeweils vier der 164 in Niederrad untergebrachten spanischen Landsleute teilten sich ein Zimmer. Die Gastarbeiter*innen waren genügsam. Sie waren bereit, für eine begrenzte Zeit auf Komfort zu verzichten, und akzeptierten daher die Unterbringung in Baracken oder überfüllten Mietwohnungen. Ihren Lohn und die Zulagen für Akkord- und Schwerstarbeit schickten sie häufig in die Heimat.[418]

Memory-Spiel der Hoechst AG, um 1970

Donnerstag 30. OKT. bis Mittwoch 5. NOV. 1969

6. INTERNATIONALES TAGE-RENNEN

FRANKFURT/M · FESTHALLE

Am Start u. a.:

Rudi Altig – Sigi Renz
Deutschland

Peter Post – Patric Sercu
Holland / Belgien

W. Schulze – H. Oldenburg
Deutschland

Jiri Daler – Otto Bennewitz
CSSR / Frankfurt

Klaus Bugdahl – Dieter Kemper
Deutschland

Palle Lykke – Fredy Eugen
Dänemark

Walt. Godefroot – R. de Loof
Belgien

F. Pfenninger – Jürg. Tschan
Schweiz / Deutschland

UND BENNO SCHILLING

Beginn: Donnerstag, 30. Oktober
Startschuss: 21 Uhr

VORVERKAUF ab 11. Oktober 1969

1. Messe- u. Ausstellungs-GmbH. Ffm. Friedrich-Ebert-Anlage 57 Tel. 77 00 81
2. Deutsches Reisebüro im Kaufhof Ffm. Hauptwache Tel. 28 45 67
3. Frankfurter Neue Presse Ffm. Schillerstr. 19-25 Tel. 26 41 / 475
4. Radspanlhaus O. Schmidt, Ffm. vorm. Faltin Rotlintstr. 38 Tel. 49 16 64
5. Theo Intra, Ffm.-Sossenheim, Westerbachstr. 373 Tel. 31 94 03
6. Frankfurter Verkehrs-Verein e. V. Ffm. Hauptbahnhof, Nordflügel und Tel. 23 11 08 / 23 22 18
   Informations Zentrum Hauptwache B-Ebene Tel. 28 74 86
7. Ganzert, Fahrradhaus Ffm. Gallusworte Tel. 73 69 36
8. Lotterie Schäfer Ffm.-Süd Schweizerstraße 35 Tel. 62 37 79
9. Zigarren-Ernst Ffm.-Höchst Kasinostraße 11 und Königsteiner Str. 18-20 Tel. 31 26 18
10. Reisebüro Nordwest Ffm.-Nordwestzentrum der U-Bahn-Treppe Tel. 57 08 88
11. Hapag-Lloyd-Reisebüro Offenbach a.M. Frankfurter Str. 56 Tel. 88 16 51
12. Brunner Fahrradhaus Darmstadt Landwehrstraße 34½ Tel. 25 921
13. Hüsel aus Hauptbahnhof Wiesbaden, Pavillon am Hauptbahnhof Tel. 710 53
    und 79103

und an den Abendkassen

Veranstalter: Messe- und Ausstellungs-Gesellschaft m. b. H, Frankfurt am Main, Friedrich-Ebert-Anlage 57 · Telefon 77 00 81

Weltrekordler und Jahrhundertspiel: Sportliches Frankfurt

Kürzere Arbeitszeiten und die Durchsetzung der 40-Stunden-Woche 1966 durch die IG Metall führten zu neuen Freizeitmustern. So gewannen insbesondere die Sportvereine stark an Zuwachs, deren Mitgliederzahlen sich bundesweit von 4,9 Millionen 1960 auf 8,3 Millionen 1970 erhöhten.[419] Doch noch lieber besuchten die Frankfurter*innen Sportveranstaltungen. Die Statistik zählte jährlich zwischen 650.000 und 940.000 Besucher*innen, hiervon meist drei Viertel beim Fußball. Daneben zählten das Radrennen rund um den Henninger Turm, die Sechstagerennen in der Festhalle und der Boxkampf Ali gegen Mildenberger zu den prägenden Ereignissen.[420]

Doch auch der schnellste Mann der Welt kam in den 1960er Jahren aus Frankfurt. Als erster Mensch lief Armin Hary am 21. Juni 1960 im Letzigrund-Stadion zu Zürich die Fabelzeit von 10,0 Sekunden im 100-Meter-Sprint.[421] Bei den Olympischen Spielen in Rom holte er 1960 ebenfalls die Goldmedaille in seiner Paradedisziplin sowie mit der 4x100-Meter-Staffel.[422] Doch statt einer schillernden Sportkarriere nahm Harys Leben eine neue Wendung. Der gefeierte Star trat am 7. Mai 1961 vom Leistungssport zurück.[423]

Auch für die Fußballer waren es erfolgreiche Zeiten: Nachdem die Eintracht am 28. Juni 1959 im Berliner Olympiastadion ausgerechnet gegen den hessischen Nachbarn Kickers Offenbach mit 5:3 n.V. ihren ersten und vorerst letzten Meistertitel gewonnen hatte, begeisterte sie in der Saison 1959/60 im Europapokal der Landesmeister. Mit Siegen über den finnischen Vertreter Kuopio PS (kampflos), Young Boys Bern (4:1A, 1:1H), Wiener Sport Club (2:1H, 1:1A) und Glasgow Rangers (6:1H, 6:3A) erreichte die Eintracht das Finale.[424] Im Hampden Park von Glasgow unterlag die „Diva vom Main" vor 127.621 Zuschauer*innen mit 3:7 gegen Real Madrid. Letztlich hatte sich das „weiße Ballett" um Puskás und di Stéfano als zu stark erwiesen. Dennoch bezeichnen manche Sportjournalisten das Offensivspektakel bis heute als „the greatest match ever".[425]

Internationales 6-Tage-Rennen in der Festhalle, 30. Oktober bis 5. November 1969
Auch der Radsport hinterließ seine Spuren. Neben dem 1994 eingestellten Radklassiker „Rund um Frankfurt", der 1970 seine 50. Auflage feierte, verfügten auch die 6-Tage-Rennen über eine lange Tradition. Seit 1911 kreisten die Radteams in der Festhalle über die Holzbahn. In den 1960er Jahren dominierten der Holländer Peter Post und Rudi Altig mit ihren Teams das Geschehen. Das Interesse am Sport ließ um 1970 spürbar nach, sodass 1983 schließlich das letzte Rennen in der Festhalle stattfand.[428]

Der Gast erzielt das erste Bundesligator im Waldstadion, 24. August 1963

Nach 38 Minuten waren die Eintracht-Fans bedient. Ausgerechnet der Kaiserslauterer Jürgen Neumann markierte per Foulelfmeter das erste Tor in der Frankfurter Bundesligageschichte. Lothar Schämer glich zwei Minuten später per Handelfmeter für die Hessen zum Endstand aus. In der 1963 gegründeten Fußballbundesliga erreichte die Eintracht in den folgenden sieben Jahren jeweils einstellige Tabellenplätze.

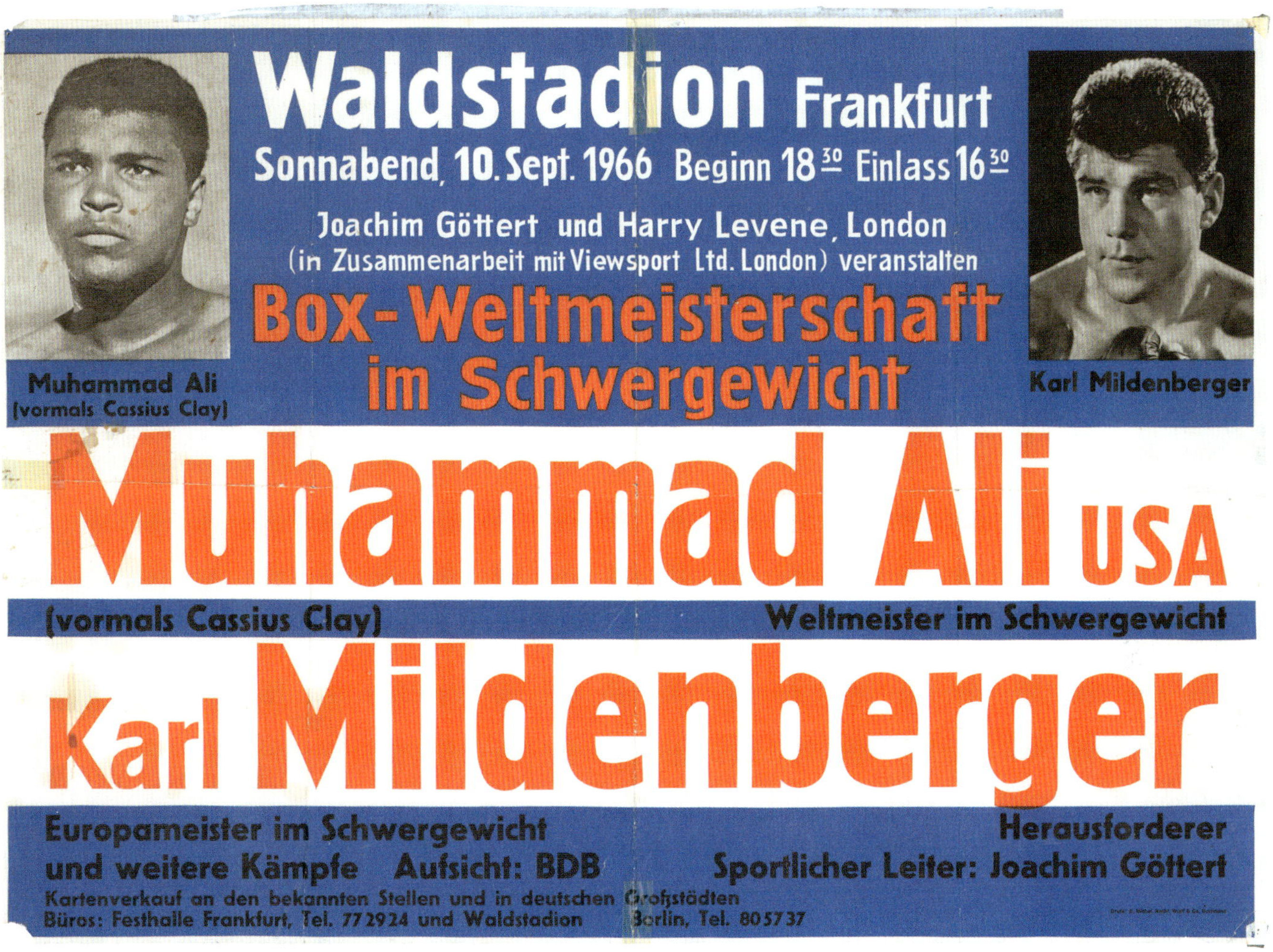

Muhammad Ali ringt Karl Mildenberger nieder, 10. September 1966

Nach seiner Kritik am Vietnamkrieg musste Ali außerhalb der USA boxen. Sein Weg führte ihn 1966 ins Waldstadion zur ersten Verteidigung des Schwergewichtstitels auf deutschem Boden. Seinem Herausforderer Karl Mildenberger, immerhin amtierender Europameister, trauten die Fachleute kaum drei Runden zu. Doch der Herausforderer zeigte sich als zäher Gegner und lieferte den Kampf seines Lebens. Zwar schickten Alis Fäuste Mildenberger in der fünften, achten und zehnten Runde zu Boden, doch der krasse Außenseiter leistete 35 Minuten Gegenwehr und setzte Ali mehrfach mit Schlägen auf die Leber zu. Nach einem rechten Konterschlag in der zwölften Runde lehnte Mildenberger verteidigungsunfähig und mit glasigem Blick am Seil. Ringrichter Teddy Waltham brach den Kampf ab und erklärte Ali durch technischen K.O. zum Sieger. Trotz der Niederlage feierten die 25.000 begeisterten Zuschauer*innen dennoch den geschlagenen Verlierer ob seiner Leistung.[426]

Radrennen um den Henninger Turm, 1. Mai 1964

Nach der Fertigstellung des Henninger Turms 1961 sollte ein Radrennen das Bauwerk noch bekannter machen. Bereits ein Jahr später rollte das erste Fahrerfeld durch Frankfurt, angeführt von Weltmeister Rik van Looy aus Belgien. Den Sieg erradelte sein Landsmann Amand Desmet, van Looy wurde Dritter. 1964 fand das Rennen erstmals am 1. Mai statt, der seit 1968 als Stammtermin galt. Im Jahr darauf durften neben Profis auch erstmals Amateure gesondert starten.[427] Nach dem Rückzug der Brauerei Binding als Hauptsponsor – die zuvor Henninger übernommen hatte – firmiert das Traditionsrennen seit 2009 unter verschiedenen Namen, zuletzt unter „Eschborn-Frankfurt".

Anhang

ANMERKUNGEN

1. FAZ v. 13. April 1968: Nicht genehmigte Verkehrsruhe.
2. Ulbricht, Walter: Aussage im Rahmen einer Pressekonferenz am 15. Juni 1961, Videoaufzeichnung, URL: https://www.berlin-mauer.de/videos/walter-ulbricht-zum-mauerbau-530/ [zuletzt abgerufen am 29.10.2019].
3. Kennedy, John F.: Rede des US-Präsidenten vor dem Rathaus Schöneberg am 26. Juni 1963, URL: https://www.berlin.de/berlin-im-ueberblick/geschichte/artikel.453085.php [zuletzt abgerufen am 29.10.2019].
4. King, Martin Luther: „I have a dream ...", Redemanuskript, URL: https://www.archives.gov/files/press/exhibits/dream-speech.pdf [zuletzt abgerufen am 29.10.2019].
5. Peter Shann Ford wies 2010 per Soundanalyse nach, dass Armstrong das „a" zu schnell für das menschliche Ohr ausgesprochen hatte, vgl. SZ v. 17. Mai 2010: Das „a" war da, URL: https://www.sueddeutsche.de/wissen/erste-mondlandung-das-a-war-da-1.605829 [zuletzt abgerufen am 29.10.2019].
6. Brandt, Willy: Regierungserklärung von Bundeskanzler Willy Brandt vor dem Deutschen Bundestag in Bonn am 28. Oktober 1969, URL: https://www.willy-brandt.de/fileadmin/brandt/Downloads/Regierungserklaerung_Willy_Brandt_1969.pdf, S. 4 [zuletzt abgerufen am 29.10.2019].
7. Frese / Paulus, Geschwindigkeiten, S. 6.
8. Schildt, Rebellion, S. 9; Wolfrum, Demokratie, S. 270.
9. Rucht/Roth, Bewegungen, S. 646.
10. Vgl. hierzu die Chronik der Ereignisse im Anhang.
11. Schildt, Rebellion, S. 9.
12. Korte, Lob, S. 192.
13. Schildt, Rebellion, S. 10.
14. Frese / Paulus, Geschwindigkeiten, S. 6.
15. Frese / Paulus, Geschwindigkeiten, S. 2.
16. Frese / Paulus, Geschwindigkeiten, S. 11.
17. Frese / Paulus, Geschwindigkeiten, S. 5; Schildt, Rebellion, S. 10.
18. Korte, Lob, S. 193.
19. Frese / Paulus, Geschwindigkeiten, S. 3.
20. Frese / Paulus, Geschwindigkeiten, S. 10f.
21. Frese / Paulus, Geschwindigkeiten, S. 4; Schildt, Rebellion, S. 10.
22. Frese / Paulus, Geschwindigkeiten, S. 6.
23. Frese / Paulus, Geschwindigkeiten, S. 4; Schildt, Rebellion, S. 10.
24. Schildt, Einführung, S. 583; Schildt, Rebellion, S. 75.
25. Schildt, Rebellion, S. 77.
26. Hickethier, Die Zugewinngemeinschaft, S. 192.
27. Frese / Paulus, Geschwindigkeiten, S. 6.
28. Frese / Paulus, Geschwindigkeiten, S. 22f.
29. Frese / Paulus, Geschwindigkeiten, S. 8.
30. Frese / Paulus, Geschwindigkeiten, S. 10.
31. Nordmeyer, Frankfurt, S. 22.
32. Burgard, Hochhäuser, S. 153–158.
33. Kampffmeyer, Biographie, S. 242.
34. Burgard, Hochhäuser, S. 158–171.
35. Nordmeyer, Frankfurt, S. 23f.
36. Balser, Frankfurt, S. 546.
37. Gerchow, 68er, S. 12; Göpfert/Messinger, Jahr, S. 16.
38. Nordmeyer, Frankfurt, S. 25.
39. ISG FFM, Bib FG 2019: Magistrat, Wege, o.S.
40. FAZ v. 17. September 1965: Schlägereien nach der Erhard-Rede.
41. Rebentisch, Dieter: Möller, Walter, in: Frankfurter Personenlexikon (Onlineausgabe), http://frankfurter-personenlexikon.de/node/545.
42. ISG FFM, V138/9; ISG FFM, V138/10; Ziegler, Gerhard: Was machen die Eltern, wenn die Störche ausgestorben sind?, in: Die ZEIT v. 31. März 1967.
43. Schildt, Rebellion, S. 28.
44. Niehuss, Einführung, S. 36; Schildt, Einführung, S. 580.
45. Korte, Lob, S. 198; Schappach, Bauch, S. 87.
46. Schappach, Bauch, S. 87.
47. Schappach, Bauch, S. 86.
48. Korte, Lob, S. 198.
49. Schappach, Bauch, S. 86.
50. Schwab, Private, S. 60f.
51. Korte, Lob, S. 199.
52. Schwab, Phantasie, S. 212; Schildt, Rebellion, S. 45.
53. Schildt, Rebellion, S. 52–54; Schwab, Phantasie, S. 212.
54. Schildt, Rebellion, S. 38.
55. Korte, Lob, S. 192; Schildt, Einführung, S. 580.
56. Schildt, Rebellion, S. 52–54; Schwab, Phantasie, S. 212.
57. Niehuss, Einführung, S. 34.
58. Schildt, Rebellion, S. 56.
59. Schildt, Einführung, S. 579.
60. Schildt, Rebellion, S. 46f.
61. Schildt, Einführung, S. 580; Schildt, Rebellion, S. 44.
62. Nordmeyer, Frankfurt, S. 3 & 6.
63. Nordmeyer, Frankfurt, S. 6f.
64. Vgl. die Auflistung in Freunde Frankfurts / Opatz, Frankfurt.
65. Nordmeyer, Frankfurt, S. 6f.
66. Schildt, Revolution, S. 22.
67. ISG FFM, Bib KS 1687: Broschüre Henninger-Turm, S. 4f; ISG FFM, Bib KS 2009/403: Flyer Henninger-Turm, o.S.; Meixner/Schlüter, Henninger Turm, S. 188f.
68. Meixner/Schlüter, Henninger Turm, S. 189.
69. Rodenstein, Hochhausentwicklung, S. 26.
70. Rodenstein, Hochhausentwicklung, S. 27.
71. Göpfert/Messinger, Jahr, S. 31.
72. o.A.: Gesamtverkehrsplanung, S. 38.
73. Nordmeyer, Frankfurt, S. 8.
74. ISG FFM, Bib Hdl 634: PIA, U-Bahn, S. 3.
75. Nordmeyer, Zeil, S. 16–21.
76. Nordmeyer, Zeil, S. 22.
77. ISG FFM, Bib KS 871: Heym, Baubeginn, o.S.
78. Nordmeyer, Musik, S. 68.
79. Nordmeyer, Musik, S. 73–76
80. Wurm, Universitätsbibliothek, S. 74–76.
81. Bohse, Bauen, S. 15f.

82 Liermann, Reißbrett, S. 25; Oloew, Schwimmbäder, S. 216f.
83 Detaillierte Baubeschreibung bei Bohse, Bauen, S. 17; Liermann, Reißbrett, S. 25f.
84 Nordmeyer, Frankfurt, S. 6.
85 Nordmeyer/Picard, Dom, S. 42.
86 ISG FFM, Bib Hdl 634: PIA, U-Bahn, S. 3.
87 Nordmeyer, Frankfurt, S. 3.
88 Kampffmeyer/Weiss, Dom-Römerberg-Bereich, S. 7–12.
89 Kampffmeyer / Weiss, Dom-Römerberg-Bereich, S. 39f. & 45–55.
90 Fried Lübbecke, Entscheidet von Fall zu Fall, in: FNP v. 22. Juni 1963; Nordmeyer/Picard, Dom, S. 43.
91 ISG FFM, Bib Ort 190/2: Frankfurt, Dom-Römerberg-Bereich, S. 19; Nordmeyer, Frankfurt, S. 4.
92 Nordmeyer/Picard, Dom, S. 45.
93 Kampffmeyer / Weiss, Dom-Römerberg-Bereich, S. 39f. & 45–55.
94 Mick, Traditionalisten, S. 58f.
95 Müller-Raemisch, Frankfurt, S. 344.
96 o.A.: Gesamtverkehrsplanung, S. 34.
97 Schildt, Revolution, S. 20f.
98 Schildt, Rebellion, S. 58.
99 o.A.: Gesamtverkehrsplanung, S. 34 & 38.
100 Nagel / Mutzbauer / Arning, Mobilität, S. 31f.
101 Nagel / Mutzbauer / Arning, Mobilität, S. 33f.
102 Nagel / Mutzbauer / Arning, Mobilität, S. 35.
103 Balser, Frankfurt, S. 540.
104 ISG FFM, Bib KS 960: U-Bahnbau, S. 1; Nagel / Mutzbauer / Arning, Mobilität, S. 36.
105 Boss / Volk, Wege, S. 15.
106 ISG FFM, Bib Hdl 634: PIA, U-Bahn, S. 3.
107 ISG FFM, Bib KS 960: U-Bahnbau, S. 1; ISG FFM, Bib KS 2011/262: PIA, U-Bahn, o.S.; Nagel / Mutzbauer / Arning, Mobilität, S. 36.
108 ISG FFM, Bib KS 2010/326: U-Bahn, o.S. – Andere Quellen sprechen sogar von 343.696.000 DM ohne dies weiter auszuführen, vgl. ISG FFM, Bib Hdl 634: PIA, U-Bahn, S. 7.
109 Nagel / Mutzbauer / Arning, Mobilität, S. 52; Nordmeyer, Frankfurt, S. 11.
110 Nagel / Mutzbauer / Arning, Mobilität, S. 52.
111 Nordmeyer, Frankfurt, S. 11.
112 Boss / Volk, Wege, S. 9.
113 ISG FFM, Bib KS 960: U-Bahnbau, S. 6; Conrads / Folz, U-Bahn, S. 7.
114 ISG FFM, Bib KS 960: U-Bahnbau, S. 11; Boss / Volk, Wege, S. 9.
115 Boss / Volk, Wege, S. 9; Conrads / Folz, U-Bahn, S. 7.
116 ISG FFM, Bib KS 960: U-Bahnbau, S. 1.
117 ISG FFM, Bib Hdl 634: PIA, U-Bahn, S. 8; Nordmeyer, Frankfurt, S. 11.
118 Boss / Volk, Wege, S. 9; Conrads / Folz, U-Bahn, S. 7; Nagel / Mutzbauer / Arning, Mobilität, S. 53.
119 ISG FFM, Bib Hdl 634: PIA, U-Bahn, S. 8; ISG FFM, Bib KS 960: U-Bahnbau, S. 4.
120 ISG FFM, Bib Hdl 634: PIA, U-Bahn, S. 8.
121 Nagel / Mutzbauer / Arning, Mobilität, S. 53.
122 Boss / Volk, Wege, S. 13.
123 ISG FFM, Bib KS 960: U-Bahnbau, S. 16.
124 Boss / Volk, Wege, S. 15.
125 ISG FFM, Bib Hdl 634: PIA, U-Bahn, S. 6; ISG FFM, Bib KS 2010/326: U-Bahn, o.S.; ISG FFM, Bib KS 2011/261: PIA, Stadtschnellbahn, o.S.
126 ISG FFM, Bib KS 2010/326: U-Bahn, o.S.
127 ISG FFM, Bib KS 2010/323: Frankfurt, o.S.
128 ISG FFM, Bib KS 2010/326: U-Bahn, o.S.
129 Nagel / Mutzbauer / Arning, Mobilität, S. 56.
130 ISG FFM, Bib KS 960: U-Bahnbau, S. 11.
131 Boss / Volk, Wege, S. 11.
132 Nagel / Mutzbauer / Arning, Mobilität, S. 60.
133 ISG FFM, Bib KS 2010/326: U-Bahn, o.S.
134 ISG FFM, Bib Hdl 634: PIA, U-Bahn, S. 28–30; ISG FFM, Bib KS 2010/326: U-Bahn, o.S.; ISG FFM, Bib KS 2011/262: PIA, U-Bahn, o.S.
135 ISG FFM, Bib Hdl 634: PIA, U-Bahn, S. 5; Nagel / Mutzbauer / Arning, Mobilität, S. 62.
136 Nagel / Mutzbauer / Arning, Mobilität, S. 63.
137 Nagel / Mutzbauer / Arning, Mobilität, S. 54f.
138 Nagel / Mutzbauer / Arning, Mobilität, S. 66.
139 ISG FFM, Bib KS 960: U-Bahnbau, S. 27; Nagel / Mutzbauer / Arning, Mobilität, S. 44.
140 Nagel / Mutzbauer / Arning, Mobilität, S. 44.
141 ISG FFM, Bib KS 960: U-Bahnbau, S. 2 & 27.
142 Nordmeyer, Frankfurt, S. 12.
143 ISG FFM, Bib KS 960: U-Bahnbau, S. 2; Boss / Volk, Wege, S. 23; Nagel / Mutzbauer / Arning, Mobilität, S. 109.
144 Nagel / Mutzbauer / Arning, Mobilität, S. 109.
145 ISG FFM, Bib KS 960: U-Bahnbau, S. 18; Conrads / Folz, U-Bahn, S. 7; Nagel / Mutzbauer / Arning, Mobilität, S. 109f.
146 ISG FFM, Bib KS 960: U-Bahnbau, S. 2; Nagel / Mutzbauer / Arning, Mobilität, S. 113.
147 Nagel / Mutzbauer / Arning, Mobilität, S. 115.
148 ISG FFM, Bib KS 960: U-Bahnbau, S. 2; Nagel / Mutzbauer / Arning, Mobilität, S. 64.
149 Nagel / Mutzbauer / Arning, Mobilität, S. 64.
150 Schildt, Einführung, S. 582; Schwagenscheidt, Nordweststadt, S. 10.
151 Gleininger, Nordweststadt, S. 121; Weidlich, Weg, S. 140.
152 Gleininger, Nordweststadt, S. 78; Schwagenscheidt, Nordweststadt, S. 10; Weidlich, Weg, S. 142. Zu Kampffmeyers Vorstellungen vgl. Kampffmeyer, Nordweststadt, S. 9.
153 Kampffmeyer / Weiss, Idee, S. 21; ISG FFM, Bib 4° KS 619a: o.A., Beschreibung, S. 2.
154 Balser, Frankfurt, S. 549; Kampffmeyer, Nordweststadt, S. 12.
155 Gleininger, Nordweststadt, S. 135; Kampffmeyer, Nordweststadt, S. 15.
156 Gleininger, Nordweststadt, S. 135; Kampffmeyer, Nordweststadt, S. 12; Weidlich, Weg, S. 147.
157 Schwagenscheidt, Nordweststadt, S. 17 & 78.
158 Schwagenscheidt, Nordweststadt, S. 26–28; ISG FFM, Bib 4° KS 619a: o.A., Beschreibung, S. 5; Weidlich, Weg, S. 149.

[159] Schwagenscheidt, Nordweststadt, S. 42.
[160] Kampffmeyer, Nordweststadt, S. 40 – abweichende Zahlen je nach Planungsstand bei Kampffmeyer / Weiss, Idee, S. 25 und Schwagenscheidt, Nordweststadt, S. 38.
[161] Kampffmeyer, Nordweststadt, S. 80; Kampffmeyer / Weiss, Idee, S. 21f; Schwagenscheidt, Nordweststadt, S. 18; ISG FFM, Bib 4° KS 619a: o.A., Beschreibung, S. 3.
[162] ISG FFM, Bib 4° KS 619a: o.A., Beschreibung, S. 6f.; Schwagenscheidt, Nordweststadt, S. 72.
[163] ISG FFM, Bib 4° KS 619a: o.A., Beschreibung, S. 9; Kampffmeyer, Nordweststadt, S. 12 & 17; Weidlich, Weg, S. 152.
[164] ISG FFM, Bib 4° KS 619a: o.A., Beschreibung, S. 8; Kampffmeyer, Nordweststadt, S. 17, 95 f.
[165] Weidlich, Weg, S. 158.
[166] Schildt, Revolution, S. 22.
[167] Schwagenscheidt, Nordweststadt, S. 10.
[168] Kampffmeyer, Nordweststadt, S. 11.
[169] Weidlich, Weg, S. 148.
[170] Kampffmeyer / Weiss, Idee, S. 22 & 29.
[171] ISG FFM, Bib KS 2011/271: SPD, Nordweststadt, o.S.; Schwagenscheidt, Nordweststadt, S. 10.
[172] Kampffmeyer / Weiss, Idee, S. 22; Schwagenscheidt, Nordweststadt, S. 10.
[173] Weidlich, Weg, S. 155.
[174] Kampffmeyer, Nordweststadt, S. 107.
[175] Schwagenscheidt, Nordweststadt, S. 47; Weidlich, Weg, S. 149.
[176] Gleininger, Nordweststadt, S. 171–188.
[177] Schwagenscheidt, Nordweststadt, S. 22.
[178] ISG FFM, Bib 4° KS 619a: o.A., Beschreibung, S. 5 – gerundete Zahlen bei Kampffmeyer, Nordweststadt, S. 76.
[179] Schwagenscheidt, Nordweststadt, S. 76f.
[180] Gleininger, Nordweststadt, S. 215f.; Weidlich, Weg, S. 159.
[181] Göpfert/Messinger, Jahr, S. 116; Nordmeyer, Frankfurt, S. 32.
[182] Nordmeyer, Frankfurt, S. 33.
[183] Nordmeyer, Frankfurt, S. 36.
[184] Lehmann / Primavesi, TAT, S. 18.
[185] Heym, Frankfurt, S. 246 & 275; Börchers, Sabine: Hitchcock war Frankfurt-Fan, in: Die Welt v. 13. März 2013.
[186] Zit. nach ISG FFM, Zs 503, TAT: Spielplan 1967/68, o.S.; Michels, Eier, S. 84.
[187] Lehmann / Primavesi, TAT, S. 12.
[188] Lehmann / Primavesi, TAT, S. 15.
[189] Lehmann / Primavesi, TAT, S. 15.
[190] Lehmann / Primavesi, TAT, S. 16.
[191] Lehmann / Primavesi, TAT, S. 18f.
[192] Michels, Eier, S. 87.
[193] Lehmann / Primavesi, TAT, S. 17.
[194] Henscheid, Dreieck, S. 16.
[195] Nordmeyer, Frankfurt, S. 36.
[196] Hock, Star, S. 19f. Detaillierte Episodenliste unter https://www.babbahesselbach.info/p/die-hesselbachs.html.
[197] Schildt, Rebellion, S. 70.
[198] Schildt, Einführung, S. 584; Schildt, Rebellion, S. 65.
[199] Hickethier, Die Zugewinngemeinschaft, S. 190.
[200] Schildt, Rebellion, S. 71–73.
[201] Hickethier, Die Zugewinngemeinschaft, S. 192.
[202] Schildt, Rebellion, S. 65 & 67.
[203] Nordmeyer, Frankfurt, S. 38; Schildt, Rebellion, S. 68f.
[204] Grob, Geheimnis, S. 94–97; Hickethier, Die Zugewinngemeinschaft, S. 191.
[205] Schildt, Rebellion, S. 67.
[206] Börchers, Sabine: Hitchcock war Frankfurt-Fan, in: Die Welt v. 13. März 2013.
[207] Nordmeyer, Frankfurt, S. 38; Schwab, Private, S. 61.
[208] Rau, Backstage, S. 37 & 42f.
[209] Bear Family Records, Beat, o.S.
[210] Strecker, Anita: Beat und Brause, in: Die 60er Jahre in Frankfurt / Frankfurter Rundschau Geschichte H. 3/Jg. 2 (2012), S. 88–90, hier S. 90.
[211] Bear Family Records, Beat, o.S.
[212] Schwab, Phantasie, S. 212.
[213] Schwab, Phantasie, S. 213.
[214] FAZ v. 3. Juli 1964: Bericht über eine Sternstunde. Liste der Tourneen nach https://de.wikipedia.org/wiki/The_Beatles/Konzerte_und_Tourneen.
[215] ISG FFM, S2/8.211.
[216] Rau, Backstage, S. 39.
[217] Olshausen, Ulrich: Modenschau in der Folterkammer, in: FAZ v. 20. Januar 1969.
[218] ISG FFM, S2/6.594.
[219] ISG FFM, S2/6.695.
[220] ISG FFM, Bib G3 2007/25: o.A., Kennedy, S. 3; ISG FFM, Bib KS 143: PIA, Kennedy, S. 3 & 10; ISG FFM, Bib KS 3762: o.A.: Kennedy, S. 3; HHStAW, Kennedy, S. 53.
[221] ISG FFM, Bib KS 143: PIA, Kennedy, S. 3; HHStAW, Kennedy, S. 59.
[222] ISG FFM, Bib KS 143: PIA, Kennedy, S. 3; ISG FFM, Bib KS 3762: o.A., Kennedy, S. 3.
[223] ISG FFM, Bib KS 143: PIA, Kennedy, S. 20f.
[224] ISG FFM, Bib KS 143: PIA, Kennedy, S. 3.
[225] HHStAW, Kennedy, S. 53–61.
[226] ISG FFM, Bib KS 143: PIA, Kennedy, S. 3; ISG FFM, Bib KS 3762: o.A., Kennedy, S. 4.
[227] Zit. nach ISG FFM, Bib G3 2007/25, o.A.: Kennedy, S. 80.
[228] ISG FFM, Bib KS 143: PIA, Kennedy, S. 3; ISG, Bib KS 3762: o.A., Kennedy, S. 4.
[229] HHStAW, Kennedy, S. 53, S. 61.
[230] ISG FFM, Bib KS 143: PIA, Kennedy, S. 3; HHStAW, Kennedy, S. 60.
[231] HHStAW, Kennedy, S. 58.
[232] Pendas, Auschwitzprozess, S. 69.
[233] Pendas, Auschwitzprozess, S. 55.
[234] Wojak, Mauer, S. 24.
[235] Pendas, Auschwitzprozess, S. 69; Wojak, Mauer, S. 23.
[236] Nordmeyer, Frankfurt, S. 28; Pendas, Auschwitzprozess, S. 70.
[237] Pendas, Auschwitzprozess, S. 71.
[238] Pendas, Auschwitzprozess, S. 74.
[239] Pendas, Auschwitzprozess, S. 82.
[240] Pendas, Auschwitzprozess, S. 68.
[241] Nordmeyer, Frankfurt, S. 28; Wojak, Mauer, S. 23.
[242] Wojak, Mauer, S. 23.
[243] Brink, Auschwitz, S. 12.
[244] Brink, Auschwitz, S. 18.
[245] Brink, Auschwitz, S. 21f., 24.
[246] Meinl, Susanne: Adolf Heinz Beckerle: Frankfurter SA-Führer, Polizeipräsident und Diplomat, URL: https://www.frankfurt1933–1945.de/nc/beitraege/show/1/thematik/prozesse/artikel/adolf-heinz-beckerle-frankfurter-sa-fuehrer-polizeipraesident-und-diplomat/suche/beckerle/
[247] Pendas, Auschwitzprozess, S. 57.
[248] Pendas, Auschwitzprozess, S. 57.
[249] Pendas, Auschwitzprozess, S. 58f., 61; Wojak, Mauer, S. 22.
[250] Pendas, Auschwitzprozess, S. 62f.
[251] Pendas, Auschwitzprozess, S. 63f.
[252] Wolf, Stadtchronik: 7.11.1961.
[253] Demm, Studentenbewegung, S. 164; Nordmeyer, Frankfurt, S. 28.

254 Demm, Studentenbewegung, S. 164; Nordmeyer, Frankfurt, S. 28.
255 Nordmeyer, Frankfurt, S. 28; Walter-Busch, Geschichte, S. 218.
256 Gilcher-Holtey, 68er, S. 11.
257 Frei, 1968, S. 77.
258 Nordmeyer, Frankfurt, S. 24.
259 Balser, Frankfurt, S. 548; Nordmeyer, Frankfurt, S. 24.
260 Nordmeyer, Frankfurt, S. 24.
261 FAZ v. 16. November 1967: Kundgebung als Auftakt zu Kampfmaßnahmen.
262 FAZ v. 24. November 1967: Einigung in Hessen.
263 ISG FFM, S3/P 26.212.
264 Wolf, Stadtchronik: 15.05.1968.
265 Wolf, Stadtchronik: 2.10.1965.
266 Buro, Friedensbewegung, S. 273; Schildt, Rebellion, S. 133.
267 ISG FFM, S3/A 6.741.
268 ISG FFM, S3/P 8.174.
269 Demm, Studentenbewegung, S. 174; Juchler, 1968, S. 44f.
270 Demm, Studentenbewegung, S. 166f.
271 Göpfert/Messinger, Jahr, S. 60.
272 Demm, Studentenbewegung, S. 165, 176; Göpfert/Messinger, Jahr, S. 19; Schwab, Talaren, S. 36.
273 Buro, Friedensbewegung, S. 273.
274 Buro, Friedensbewegung, S. 283.
275 Wolf, Stadtchronik: 13.05.1969.
276 FAZ v. 28. Juni 1967: 1100 beim Protestmarsch; Wolf, Stadtchronik: 27.06.1967.
277 Narr, CDU-Staat, S. 65f.; Wolfrum, Demokratie, S. 236.
278 ISG FFM, S3/A 7.315; Schulz, Bewegungen, S. 426.
279 Göpfert/Messinger, Jahr, S. 75.
280 Demm, Studentenbewegung, S. 207; Göpfert/Messinger, Jahr, S. 81f.
281 Wolfrum, Demokratie, S. 236f.
282 Demm, Studentenbewegung, S. 216; Göpfert/Messinger, Jahr, S. 81; Schulz, Bewegungen, S. 428.
283 Wolf, Stadtchronik: 11.05.1968.
284 Demm, Studentenbewegung, S. 180; Göpfert/Messinger, Jahr, S. 54.
285 Göpfert/Messinger, Jahr, S. 51.
286 ISG FFM, Bib KS 2018/82: Frankfurt, Revolte, S. 14; Göpfert/Messinger, Jahr, S. 56f.; Kurzlechner, 1968, S. 325.
287 Göpfert/Messinger, Jahr, S. 66.
288 Demm, Studentenbewegung, S. 185f.
289 Demm, Studentenbewegung, S. 187f.
290 Göpfert/Messinger, Jahr, S. 69.
291 Göpfert/Messinger, Jahr, S. 63f.
292 Göpfert/Messinger, Jahr, S. 129.
293 FR v. 1. November 1968: Drei Jahre Zuchthaus für Kaufhaus-Brandstifter.
294 Demm, Studentenbewegung, S. 169; Walter-Busch, Geschichte, S. 218.
295 Walter-Busch, Geschichte, S. 219.
296 Demm, Studentenbewegung, S. 170f.
297 Demm, Studentenbewegung, S. 172; Kurzlechner, 1968, S. 325; ISG FFM, Bib KS 2017/303: Saßmannshausen, Benno-Ohnesorg-Denkmal, S. 9.
298 Demm, Studentenbewegung, S. 172f.; Kurzlechner, 1968, S. 325.
299 Demm, Studentenbewegung, S. 175.
300 Demm, Studentenbewegung, S. 189; Göpfert/Messinger, Jahr, S. 71.
301 Demm, Studentenbewegung, S. 190f.
302 Demm, Studentenbewegung, S. 190f.
303 Demm, Studentenbewegung, S. 192.
304 Frei, 1968, S. 77; Kurzlechner, 1968, S. 322; Wolfrum, Demokratie, S. 264f.
305 Göpfert/Messinger, Jahr, S. 25; Walter-Busch, Geschichte, S. 139.
306 Göpfert/Messinger, Jahr, S. 27.
307 Demm, Studentenbewegung, S. 161, S. 245; Gerchow, 68er, S. 11; Schildt, Rebellion, S. 133.
308 Göpfert/Messinger, Jahr, S. 15.
309 Demm, Studentenbewegung, S. 161, S. 245; Gerchow, 68er, S. 11; Göpfert/Messinger, Jahr, S. 15.
310 Demm, Studentenbewegung, S. 176; Walter-Busch, Geschichte, S. 218.
311 Demm, Studentenbewegung, S. 176.
312 Göpfert/Messinger, Jahr, S. 15.
313 Göpfert/Messinger, Jahr, S. 33f.
314 ISG FFM Bib KS 2018/82: Frankfurt, Revolte, S. 10.
315 Göpfert/Messinger, Jahr, S. 17; S. 84.
316 Demm, Studentenbewegung, S. 162f.; Kurzlechner, 1968, S. 323.
317 Schwab, Talaren, S. 37.
318 Demm, Studentenbewegung, S. 162f.; Kurzlechner, 1968, S. 323; Schwab, Talaren, S. 36.
319 Schwab, Talaren, S. 36.
320 Demm, Studentenbewegung, S. 162f.; Kurzlechner, 1968, S. 323.
321 Göpfert/Messinger, Jahr, S. 58.
322 Göpfert/Messinger, Jahr, S. 87.
323 Schwab, Talaren, S. 36.
324 Demm, Studentenbewegung, S. 178 & 246.
325 Göpfert/Messinger, Jahr, S. 28.
326 Göpfert/Messinger, Jahr, S. 89.
327 Demm, Studentenbewegung, S. 241.
328 Göpfert/Messinger, Jahr, S. 139.
329 ISG FFM, S3/T 19.100; Göpfert/Messinger, Jahr, S. 142.
330 Göpfert/Messinger, Jahr, S. 147; Kurzlechner, 1968, S. 328.
331 ISG FFM, S3/M 26.283.
332 Demm, Studentenbewegung, S. 211 – Nach Göpfert/Messinger, Jahr, S. 81 fand die Umbenennung am 27. Mai statt.
333 Demm, Studentenbewegung, S. 211.
334 Göpfert/Messinger, Jahr, S. 77; Kurzlechner, 1968, S. 328; Schwab, Talaren, S. 37.
335 Demm, Studentenbewegung, S. 203.
336 Demm, Studentenbewegung, S. 204–206; Göpfert/Messinger, Jahr, S. 81.
337 Demm, Studentenbewegung, S. 210; Göpfert/Messinger, Jahr, S. 78.
338 Göpfert/Messinger, Jahr, S. 85.
339 Demm, Studentenbewegung, S. 213; Göpfert/Messinger, Jahr, S. 85.
340 Göpfert/Messinger, Jahr, S. 81.
341 Göpfert/Messinger, Jahr, S. 85.
342 Demm, Studentenbewegung, S. 216.
343 Schwab, Talaren, S. 37.
344 Göpfert/Messinger, Jahr, S. 88.
345 Demm, Studentenbewegung, S. 223; Göpfert/Messinger, Jahr, S. 49f. & 92.
346 Demm, Studentenbewegung, S. 222; Göpfert/Messinger, Jahr, S. 134.
347 Demm, Studentenbewegung, S. 230–235.
348 Demm, Studentenbewegung, S. 235f.; Göpfert/Messinger, Jahr, S. 137; Walter-Busch, Geschichte, S. 222.
349 Demm, Studentenbewegung, S. 238f.; Kurzlechner, 1968, S. 325.
350 Demm, Studentenbewegung, S. 239f.; Kurzlechner, 1968, S. 325.
351 Göpfert/Messinger, Jahr, S. 145f.
352 ISG FFM, S7Z Nr. 1968-102: Foto der aufgehängten Banner.
353 ISG FFM, Bib KS 2018/82: Frankfurt, Revolte, S. 17; Göpfert/Messinger, Jahr, S. 117; Strecker, Anita: Tomaten vor den Latz, in: FR v. 30. April 2008.
354 Demm, Studentenbewegung, S. 224.
355 Demm, Studentenbewegung, S. 227f.; Göpfert/Messinger, Jahr, S. 132.

356 Demm, Studentenbewegung, S. 229; Göpfert/Messinger, Jahr, S. 132.
357 Göpfert/Messinger, Jahr, S. 120–125; Juchler, 1968, S. 90.
358 Wolf, Stadtchronik: 28.04.1969.
359 Schildt, Rebellion, S. 135.
360 Schildt, Rebellion, S. 118.
361 Korte, Lob, S. 195–197.
362 Schildt, Rebellion, S. 119.
363 Korte, Lob, S. 195; Wolfrum, Demokratie, S. 242.
364 Schildt, Rebellion, S. 120.
365 Korte, Lob, S. 196f.
366 Korte, Lob, S. 196; Schildt, Rebellion, S. 121; Wolfrum, Demokratie, S. 244.
367 Schildt, Rebellion, S. 122; Wolfrum, Demokratie, S. 244.
368 Schildt, Rebellion, S. 122; Schwab, Talaren, S. 36.
369 ISG FFM, Bib KS 2018/82: Frankfurt, Revolte, S, 9; Schwab, Talaren, S. 37.
370 Schwab, Talaren, S. 37.
371 ISG FFM, S3/S 7.257; Nordmeyer, Frankfurt, S. 12–14.
372 Krobbach, Zerreißprobe, S. 88.
373 Treber, Chronik, S. 148.
374 Krobbach, Zerreißprobe, S. 88; Nordmeyer, Frankfurt, S. 15; Treber, Chronik, S. 148.
375 ISG FFM, S3/S 7.257.
376 Krobbach, Zerreißprobe, S. 88; Treber, IGF, S. 12.
377 ISG FFM, Bib SD2/190 1968: Kommission, Tätigkeitsbericht, S. 8f.
378 ISG FFM, Bib SD2/190 1968: Kommission, Tätigkeitsbericht, S. 19f.
379 ISG FFM, Bib SD2/190 1968: Kommission, Tätigkeitsbericht, S. 32.
380 Nordmeyer, Frankfurt, S. 14.
381 Treber, Chronik, S. 148.
382 Nordmeyer, Frankfurt, S. 14.
383 ISG FFM, Bib SD2/190 1968: Kommission, Tätigkeitsbericht, S. 6f., S. 31.
384 ISG FFM, Bib SD2/190 1968: Kommission, Tätigkeitsbericht, S. 22, S. 38–41. In Offenbach hingegen stiegen die Lärmbelastungen weiter an, vgl. ebd., S. 36f.
385 Kumpfe/Seib/Wurm, Jahrhunderthalle, S. 56 & 60.
386 Nordmeyer, Frankfurt, S. 18.
387 Nordmeyer, Frankfurt, S. 16.
388 ISG FFM, S3/R 1.726; ISG FFM, S3/R 1.954; ISG FFM, S3/R 1.058.
389 Kumpfe/Seib/Wurm, Neckermann, S. 28.
390 ISG FFM, S3/R 1.726.
391 Albrecht-Heider, Christoph: Letzte Anschläge, in: Die 60er Jahre in Frankfurt / Frankfurter Rundschau Geschichte H. 3/Jg. 2 (2012), S. 70–71, hier S. 71.
392 Nordmeyer, Frankfurt, S. 18.
393 Nordmeyer, Frankfurt, S. 19.
394 ISG FFM, S3/T 5.758.
395 Karpf, Gastarbeiter-Zeit, S. 33.
396 Karpf, Gastarbeiter-Zeit, S. 32; Karpf, Stadt, S. 131.
397 Hesse, Gastarbeit, S. 333.
398 Karpf, Gastarbeiter-Zeit, S. 31.
399 Hesse, Gastarbeit, S. 332; Karpf, Gastarbeiter-Zeit, S. 31.
400 Karpf, Gastarbeiter-Zeit, S. 31.
401 Schildt, Rebellion, S. 25.
402 Schildt, Rebellion, S. 26.
403 Karpf, Gastarbeiter-Zeit, S. 32; Schildt, Rebellion, S. 23.
404 Schildt, Rebellion, S. 28.
405 Karpf, Gastarbeiter-Zeit, S. 37.
406 Hesse, Gastarbeit, S. 334; Karpf, Gastarbeiter-Zeit, S. 33.
407 Karpf, Gastarbeiter-Zeit, S. 33; Karpf, Stadt, S. 135–138; 162f.
408 Karpf, Stadt, S. 133.
409 Karpf, Stadt, S. 141.
410 Karpf, Gastarbeiter-Zeit, S. 32; Karpf, Stadt, S. 144.
411 Karpf, Gastarbeiter-Zeit, S. 32; Karpf, Stadt, S. 187.
412 Karpf, Gastarbeiter-Zeit, S. 32; Karpf, Stadt, S. 131.
413 Karpf, Stadt, S. 152.
414 ISG FFM, Fürsorgeamt 545; Karpf, Stadt, S. 133–135.
415 ISG FFM, Fürsorgeamt 545; Karpf, Stadt, S. 138.
416 Karpf, Stadt, S. 162f.
417 Karpf, Stadt, S. 160.
418 Schildt, Rebellion, S. 26.
419 Schildt, Rebellion, S. 40f.
420 Nordmeyer, Frankfurt, S. 38.
421 ISG FFM, S2/9.750; Teske, Läufer, S. 209.
422 Teske, Läufer, S. 255.
423 Teske, Läufer, S. 298.
424 Heinisch, Jahrhundertspiel, S. 158f.
425 Heinisch, Jahrhundertspiel, S. 126.
426 ISG FFM, S3/T 29.229; ISG FFM, S2/7.252; Albrecht-Heider, Christoph: Lob vom Größten, in: Die 60er Jahre in Frankfurt / Frankfurter Rundschau Geschichte H. 3/Jg. 2 (2012), S. 100–101, hier S. 101.
427 Preisendörfer, 20 Jahre, S. 23.
428 ISG FFM, S3/T 3.905; ISG FFM, S3/T 3.912; ISG FFM S3/T 8.935.

CHRONIK: EREIGNISSE IN FRANKFURT AM MAIN 1960 BIS 1969

Die chronologische Darstellung* listet ausgewählte Entscheidungen und Ereignisse in Frankfurt während der 1960er Jahren auf. Sie fokussiert sich auf politische Beschlüsse, bauliche Veränderungen und Protestveranstaltungen und findet Ergänzung durch Sport-, Kultur- und Wirtschaftsmeldungen. In Klammern sind die (veranschlagten) Baukosten, der Ort des Geschehens oder die Straße des Bauwerks genannt. Die Johann Wolfgang von Goethe-Universität wird stets verkürzt als Goethe-Universität und Frankfurt am Main als FFM genannt.

Preisverleihungen und Premieren sind bewusst ausgeklammert. Weitere inhaltliche Ausführungen und Ereignisse finden sich in der vom Institut für Stadtgeschichte online bereitgestellten Stadtchronik.

1960

22.1. Hessischer Rundfunk (HR) startet neue Sendung „Die Firma Hesselbach" mit Wolf Schmidt und Lia Wöhr

4.2. Deutsches Meisterpaar Marika Kilius (geb. 1943 in FFM) und Hans-Jürgen Bäumler verteidigt in Garmisch-Partenkirchen seinen Europameistertitel im Eiskunstlauf

Einweihung neuer Volksschule Niederursel

18.2. Stadtverordnete bewilligen den Bau der Schwanheimer Mainbrücke (11 Millionen DM) und die Pläne des Magistrats für die Bundesgartenschau 1969 in FFM (anlässlich 100 Jahre Palmengarten)

DGB-Protestkundgebung auf dem Römerberg mit 15.000 Teilnehmer*innen gegen den Entwurf der Bundesregierung zur Neuregelung der gesetzlichen Krankenversicherung

19.2. Silbermedaille für das Eiskunstlaufpaar Marika Kilius und Hans-Jürgen Bäumler bei den Olympischen Winterspielen in Squaw Valley

7.3. Erste Modellpläne für die projektierte Nordweststadt liegen vor, Architekt Walter Schwagenscheidt erhält den Planungsauftrag

10.3. Wahl des bisherigen Personaldezernenten Rudolf Menzer zum Bürgermeister

31.3. Stadtverordnete verabschieden den Haushaltsplan 1960 in Höhe von 466 Millionen DM

2.4. Protestkundgebung der Jugendorganisation der Lebensreformbewegung in Deutschland gegen Luft- und Wasserverschmutzung

22.4. Grundsteinlegung zum Nordwestkrankenhaus (Praunheim)

27.4. Eröffnung des Instituts für Psychoanalyse

---

* Zusammengestellt aus Magistrat der Stadt Frankfurt am Main (Hg.): Frankfurt am Main 1945-1965. Ein 20-Jahresbericht der Stadtverwaltung Frankfurt am Main, Frankfurt am Main [1966], S. 300-303; Magistrat der Stadt Frankfurt am Main (Hg.): Frankfurt am Main 1965-1968. Ein Vierjahresbericht der Stadtverwaltung Frankfurt am Main, Frankfurt am Main 1969, S. 219-222, Magistrat der Stadt Frankfurt am Main (Hg.): Frankfurt am Main 1969-1972. Ein Vierjahresbericht der Stadtverwaltung Frankfurt am Main, Frankfurt am Main 1973, S. 219 und der von Siegbert Wolf verfassten Frankfurter Stadtchronik unter https://www.stadtgeschichte-ffm.de/de/info-und-service/frankfurter-geschichte/stadtchronik.

7.5.	Grundsteinlegung für die Theaterdoppelanlage
14.5.	Eröffnung des Strandbades Eschersheim
18.5.	Real Madrid schlägt Eintracht Frankfurt im Endspiel des Europapokals der Landesmeister in Glasgow mit 7:3
19.5.	Stadtverordnete beschließen einen Altenplan zum Bau von Altenwohnungen, Alters- und Pflegeheimen
21.5.	Eröffnung des Stadtbads Mitte
22.5.	Eröffnung des siebenstöckigen Parkhauses Stadtbad Mitte (420 Einstellplätze)
24.5.	Eröffnung des St. Katharinen-Krankenhauses (Seckbach)
31.5.	Magistrat beschließt den Ausbau der Straßenbahn zur unterirdischen Stadtbahn
1.6.	Wiedereröffnung der im Krieg zerstörten Sternwarte des Physikalischen Vereins für Publikumsverkehr
21.6.	Leichtathlet Armin Hary vom FSV Frankfurt läuft in Zürich als erster Mensch die 100 Meter in 10,0 Sekunden
23.6.	(bis 10.7.) Ausstellung „Nacht fiel über Deutschland" mit Dokumenten über den Nationalsozialismus in der Paulskirche
5.7.	Vollendung der Karl-Kirchner-Siedlung in Preungesheim mit geplanten 1.132 Wohnungen und Eigenheimen im Rohbau
29.7.	Eröffnung des ersten Schallplatten-Selbstbedienungsladens der Bundesrepublik „Marions Schallplatten-Boutique" (Am Goetheplatz 9)
28.8.	(bis 1.9.) Internationale Frankfurter Herbstmesse mit 2.677 Ausstellern, zugleich die 25. Nachkriegsmesse
1.9.	Leichtathlet Armin Hary vom FSV Frankfurt gewinnt bei den Olympischen Spielen in Rom die Goldmedaille im 100 Meter-Sprint in 10,2 Sekunden; am 7.9. gewinnt Hary auch Gold mit der 4x100-Meter-Staffel
15.9.	Einweihung der neuen Neckermann-Zentrale (Hanauer Landstraße)
21.9.	(bis 26.9.) 12. Frankfurter Buchmesse mit 1.902 Ausstellern aus 38 Ländern
25.9.	Einweihung der Gedenkstätte Heddernheim als Mahnmal für die Opfer beider Weltkriege und des Nationalsozialismus (alter Friedhof Heddernheim)
27.9.	Inbetriebnahme der werkseigenen Brücke der Farbwerke Hoechst und des ersten Laboratoriums des künftigen Forschungszentrums
30.9.	FFM hat 670.860 Einwohner
15.10.	Eröffnung des Kellertheaters „Die Katakombe" (Schützenstraße)
	Unterzeichnung des Partnerschaftsvertrages zwischen FFM und Lyon (Paulskirche)
18.10.	Eröffnung des Jugendverkehrsgartens am Grüneburgpark
	Demonstration von 100 Kriegsgegnern gegen CDU-Wahlkundgebung mit Bundesverteidigungsminister Franz-Josef Strauß im Volksbildungsheim
23.10.	Ergebnis der Kommunalwahlen: SPD 50,7 %, CDU 30,2 %, FDP 12,9 %, BHE 3,9 %
28.10.	(bis 3.11.) Internationales Frankfurter Sechs-Tage-Rennen in der Festhalle
1.11.	Verkehrskollaps in der Innenstadt mit Staus und 71 Unfällen
2.11.	Inbetriebnahme der Startbahn Süd am Rhein-Main-Flughafen
29.11.	Rhein-Main-Flughafen erreicht die jährliche Passagierzahl von 2 Millionen Fluggästen und spielt damit in einer Liga mit London und Paris
9.12.	Einweihung der Kunsteisbahn im Stadion
14.12.	Inbetriebnahme der ersten Farbfernsehanlage für medizinische Zwecke in der Bundesrepublik in der Chirurgischen Universitätsklinik
20.12.	Beginn des Abrisses des Schumanntheaters

Wahlwerbung der Parteien in Frankfurt für die Stadtverordnetenwahl 1960

1961

16.1. Inbetriebnahme der elektrifizierten Bundesbahnstrecke FFM–Wiesbaden

26.1. Stadtverordnete beschließen den Bau von fünf Bürgerhäusern im Gallusviertel, im Industriehof Hausen, in Bonames, in Sindlingen und im Riederwald (12 Millionen DM)

27.1. Einweihung des neuen Seminargebäudes der Philosophischen Fakultät (Gräfstraße)

4.2. Sperrung von Bahnhofsviertel, Anlagenring und Flughafen für Prostitution

18.2. Prostete mehrerer Hundert Jugendlicher wegen der Ermordung des kongolesischen Ministerpräsidenten Patrice Lumumba und Kranzniederlegung vor dem Frankfurter Opferdenkmal (Taunusanlage)

22.2. Demonstration afrikanischer Studenten gegen die Ermordung des kongolesischen Ministerpräsidenten Patrice Lumumba vor dem Studentenhaus

2.4. Abschlusskundgebung des dreitägigen Protestmarsches der Atomwaffengegner (Römerberg)

17.4. Magistrat beschließt, die Freilichtspiele der Städtischen Bühnen im Karmeliterhof einzustellen

Neueröffnung des achtstöckigen Parkhauses Bürgerstraße/Schauspielhaus (750 Stellplätze)

Kataloge des Versandunternehmens Neckermann aus den 1960er Jahren

28.4. (bis 8.5.) 5. Internationale Bäckerei-Fachausstellung mit 300 Ausstellern, größte Schau des Bäckerhandwerks nach dem Zweiten Weltkrieg

1.5. HR-Intendant Eberhard Beckmann gibt das zweite Fernseh-Programm des Hessischen Rundfunks bekannt

3.5. FFM verfügt über 100.000 Telefonanschlüsse (größte Dichte aller Gemeinden der Bundesrepublik)

18.5. Freigabe des Henninger-Turms für Besucher*innen

31.5. Eröffnung der Hochschule für Erziehung an der Goethe-Universität

6.6. Eröffnung des neuerrichteten Berufsschulzentrums für Frauenberufe (Adlerflychtstraße 24) mit drei Schulen: Else-Sander-Schule (Berufsschule für Bekleidungs- und Friseurgewerbe), Hedwig-Heyl-Schule (Berufsschule für Hauswirtschaft und Kinderpflege und Fachschule für Hauswirtschaft), Ella-Schwarz-Schule (Fachschule für Kindergärtnerinnen, Hortnerinnen und Jugendleiterinnen)

7.6. Baubeginn für das 20-stöckige Intercontinental Hotel mit 1.000 Betten im alten Baryschen Park am Mainufer

8.6. Stadtverordnete beschließen den sofortigen Baubeginn der Nordweststadt

9.6. (bis 17.6.) ACHEMA 1961, 13. Ausstellung für chemisches Apparatewesen mit 1.400 Firmen und über 100.000 Besucher*innen

20.6. Inbetriebnahme der neuen Zentralfeuerwache an der Hanauer Landstraße

4.7. Stadtverordnete beschließen gegen die Stimmen der FDP den Bau einer Tiefbahn als künftiges Massenverkehrsmittel

6.7. Übergabe des modernen Empfangsgebäudes des Ostbahnhofs

18.8. Demonstration mit mehreren Tausend Teilnehmer*innen gegen die Abriegelung Berlins (Römerberg)

11.9. Beginn der Begradigung der Nidda

13.9. Einweihung von Frankfurts erstem Altenwohnheim nach dem Altenplan (Alexanderstraße, Rödelheim)

17.9. Ergebnisse der Bundestagswahlen für FFM: SPD 44,0 %, CDU 34,1 %, FDP 16,4 %, DFU 2,9 %, DRP 0,9 %

26.9. Reste des Schumanntheaters weichen Geschäftshäusern

12.10. Haushaltsreden: Der Etat für 1962 überschreitet erstmals die Milliardengrenze

7.11. Eröffnung des neuen Vogelhauses im Zoo

Gründung des Frankfurter Ortsverbandes von „Pro Familia" als „Deutsche Gesellschaft für Ehe und Familie"

Schweigemarsch von 3.000 Studierenden und Kundgebung auf dem Römerberg gegen den neuesten sowjetischen Atomwaffenversuch

16.11. Stadtverordnete beschließen ein Raum- und Bauprogramm für die Neugestaltung der Universitätskliniken sowie die Müllverbrennungsanlage und das Fernheizwerk der Nordweststadt

24.11. Einweihung des Walter-Kolb-Studentenheims (Beethovenplatz)

10.12. Einweihung der als Heiliggeistkirche wiederaufgebauten Dominikanerkirche

18.12. Vorstellung der Ausbaupläne der Flughafen Frankfurt AG: Ausbau des Kontrollturms als Vorläufer sowie Erschließungs-, Erd-, Tiefbau- und Rohbauarbeiten am Vorfeld und für neue Empfangsgebäude (32,5 Millionen DM)

1962

11.1. FFM erhält den Zuschlag für die Bundesgartenschau 1969 (Absage 1965)

18.1. Stadtverordnete beschließen den Bau der Stadt- und Universitätsbibliothek (Ecke Zeppelinallee/ Bockenheimer Landstraße, 26,6 Millionen DM)

29.1. Demonstration persischer Studierender gegen Diktatur und Korruption im Heimatland (vom Campus Bockenheim zum Opernplatz)

31.1. Gründung der Gesellschaft für regionale Raumordnung im engeren Untermaingebiet

23.2. Einweihung des „Centro Italiano" (Vogelweidstraße), Haus für italienische Gastarbeiter*innen (von 27.000 Gastarbeiter*innen in FFM sind 11.000 Italiener*innen)

23.4. Abschlusskundgebung des Ostermarschs mit 2.000 Teilnehmer*innen (Römerberg)

30.4. Demonstration von 600 Jugendlichen gegen Atomwaffen (Fackelzug durch die Innenstadt zur Kirchnerschule, Bornheim)

3.5. Eröffnung von Kabarett und Bar „Imperial" (Moselstraße)

6.5. Enthüllung einer Gedenktafel im Stadtteil Bergen in Erinnerung an die 1938 zerstörte Synagoge Bergen-Enkheim

9.5. Vereinbarung mit der Deutschen Bundesbahn für einen gemeinsamen Stadt- und S-Bahnbetrieb im gesamten Frankfurter Raum

10.5. Stadtverordnete beschließen den serienmäßigen Bau von 17 Turnhallen im Stadtgebiet (3,4 Millionen DM) und das Baugebiet auf der Ginnheimer Höhe als Erweiterung für die naturwissenschaftlichen Institute der Goethe-Universität

10.5. Demonstration von 200 Atomwaffengegner*innen vor US-Generalkonsulat (Siesmayerstraße) gegen die Wiederaufnahme der US-Kernwaffenversuche

15.5. (bis 30.5.) Freiwillige Schluckimpfung gegen Polio/ Kinderlähmung, Teilnahme von 225.000 Erwachsenen und Kindern

19.5. Protestmarsch der Deutschen Friedens-Union (DFU) gegen Atombomben

20.5.	Schweigemarsch von 4.000 spanischen Gastarbeiter*innen als Unterstützung für streikende spanische Arbeiter*innen (Innenstadt)
24.5.	Stadtverordnete beschließen einen Bauwettbewerb für den Dom-Römer-Bereich
29.5.	Einweihung des 20-geschossigen Zürich-Hochhauses (Opernplatz)
7.6.	Das Henri Matisse-Gemälde „Stilleben" kehrt 25 Jahre nach der Entfernung durch die Nationalsozialisten ins Städel zurück, die Rückkaufssumme bringen Stadt FFM und Sparkasse 1822 zu je 250.000 DM auf
8.6.	(bis 11.6.) Sudetendeutscher Tag mit 400.000 Teilnehmer*innen und Großkundgebung am 10.6. (Messegelände)
30.6.	Eröffnung des Rebstockparks
9.7.	Zentrale des Paritätischen Wohlfahrtsverbandes zieht in ihr neues Heim in Niederrad (Wilhelm-Polligkeit-Institut)
20.7.	Fertigstellung der 1926 geplanten Autobahnverbindung Hamburg–FFM–Basel (Hafraba)
	Enthüllung des Mahnmals für die Opfer des Widerstandes gegen die nationalsozialistische Gewaltherrschaft vor der Strafanstalt Preungesheim
13.8.	Büro für den Stadtbahnbau nimmt seine Arbeit auf
16.8.	Einweihung der Deutschen Buchhändlerschule (Seckbach)
20.8.	Magistrat beschließt den Bau des Fußgängertunnels am Hauptbahnhof und des Schulzentrums Nordweststadt (36 Millionen DM)
21.8.	Demonstration der Ostermarschkampagne gegen sowjetische Atombombenversuche
23.8.	Eröffnung des neuen Aussichtsrestaurants mit 750 Plätzen am Rhein-Main-Flughafen
25.8.	Einweihung des „Hauses der SPD" (Fischerfeldstraße)
27.8.	Erstausgabe des Satiremagazins „pardon" erscheint
31.8.	Stadt und Bundesbahn legen einen gemeinsamen Grundplan für ein kombiniertes U- und S-Bahnnetz vor
1.9.	Antikriegsdemonstration des Hessischen Ausschusses „Ostermarsch der Atomwaffengegner" mit 1.000 Teilnehmer*innen (vom Eisernen Steg nach Offenbach)
5.9.	Westbahnhof erhält ein neues Empfangsgebäude
6.9.	Unterzeichnung des Universitätsvertrages zwischen der Stadt FFM und dem Land Hessen: Das Land übernimmt fortan 50 Prozent der Kosten der Universitätskliniken
18.9.	Frankfurter Zoo präsentiert ein neues Affenhaus
27.9.	Vorlage des Entwurfs des Haushaltsplanes 1963 in Höhe von 1,3 Milliarden DM
28.9.	Eröffnung des Liebieghauses (Schaumainkai) nach vollendetem Wiederaufbau
1.10.	Bezug der ersten Wohnungen in der Nordweststadt
6.10.	„Folk-Blues-Festival" der Deutschen Jazz-Föderation (Kongresshalle)
15.10.	Magistrat beschließt den Bau des Heizkraftwerkes Niederrad, welches ein Viertel des gesamten Frankfurter Stromverbrauchs liefern soll
29.10.	Schweigemarsch vieler Studierender gegen die Verhaftung der Journalisten des Nachrichtenmagazin „Der Spiegel"
30.10.	Fackelzug des „Ostermarsches der Atomwaffengegner" angesichts der Kuba-Krise für Frieden (von Bornheim zum Dominikanerplatz)
5.11.	Richtfest anlässlich des Durchstichs der Nidda in ihr neues Flussbett zwischen Harheim und Bonames
6.11	Richtfest für 1.000 Wohnungen der Nassauischen Heimstätte in der neuen Großsiedlung Fechenheim-Südwest
	Podiumsdiskussion mit 1.500 Teilnehmer*innen über die „Spiegel"-Affäre und Pressefreiheit (Gewerkschaftshaus)
7.11.	Einweihung des höchsten Wohngebäudes in FFM: 15-geschossiges Wohnhochhaus der Gemeinnützi-

Schülerzeitungen Frankfurter Schulen aus den 1960er Jahren

	gen Gesellschaft für Wohnheime und Arbeiterwohnungen (Schwanheim)
8.11.	Das wiederaufgebaute Steinerne Haus wird mit einer Edvard-Munch-Ausstellung eingeweiht
9.11.	Feierliche Übergabe des wiederhergestellten Portals des Jüdischen Friedhofs an der Rat-Beil-Straße
11.11.	Ergebnisse der Landtagswahlen für FFM: SPD 52,8 %, CDU 30,2 %, FDP 9,8 %, GDP/BHE 3,5 %, DFU 3,7 %
19.11.	Magistrat schlägt für die Medizinische und Naturwissenschaftliche Fakultät ein 130 Hektar großes Areal in Niederursel vor
22.11.	Stadtverordnete beschließen einen Gesamtverkehrsplan
24.11.	Richtfest des wiederaufgebauten Deutschordenshauses (Sachsenhäuser Mainufer)
13.12.	Stadtverordnete beschließen den Haushaltsplan 1963 in Höhe von 992 Millionen DM
24.12.	Demonstration junger Frankfurter*innen für Freilassung der infolge der „Spiegel"-Affäre noch in Haft befindlichen Journalist*innen (Innenstadt)
31.12.	FFM verfügt über 150.000 Personenwagen und 160.000 Kraftfahrzeuge und ist damit im Verhältnis zur Einwohnerzahl weit an der Spitze aller deutschen Großstädte

Adress- und Terminkalender von Oberbürgermeister Willi Brundert

1963

10.1. Entscheidung des DFB-Bundesliga-Ausschusses: Eintracht Frankfurt wird eines der 16 Gründungsmitglieder der Bundesliga

11.1. Einweihung der Jahrhunderthalle anlässlich 100 Jahre Höchster Farbwerke

21.1. Inbetriebnahme der neuen Mensa der Universität (täglich 3.200 Essen), offizielle Eröffnung am 18.2.

13.2. Demonstration von Studierenden gegen das Scheitern der Brüsseler EWG-Verhandlungen und für den EWG-Beitritt Großbritanniens

27.2. Demonstration von Medizinstudent*innen für bessere Studienbedingungen (Universitätskliniken)

28.2. Marika Kilius und Hans-Jürgen Bäumler werden in Cortina d'Ampezzo Weltmeister im Eiskunst-Paarlauf

9.3. Eröffnung der vergrößerten Räume für Dr. Hoch's Konservatorium und Volksbildungsheim: hiermit neue Räume für das TAT, das am Abend mit Heinrich Heyms Schauspiel „Asche im Wind" eröffnet

20.3. Eröffnung der erweiterten Empfangsanlage auf dem Rhein-Main-Flughafen

24.4. (bis 28.4.) 15. Frankfurter Rauchwaren-Messe (erstmals als „Internationale Pelz-Messe") mit 250 in- und ausländischen Firmen und 18.000 Besucher*innen

25.4. Stadtverordnete beschließen den Bau eines provisorischen Schulzentrums aus 20 Pavillons in der Nordweststadt und Bau der Heinrich-Kleyer-Berufsschule (25 Millionen DM)

16.5. Suspendierung von Eva Justin (1909–1966, Psychologin beim Jugendamt) wegen ihrer Mitwirkung bei der Verfolgung der Roma und Sinti während des Nationalsozialismus

20.5. Übergabe des Erweiterungsbaus der Deutschen Bibliothek (Zeppelinallee)

6.6. Eröffnung des Intercontinental Hotels

7.6. Entscheidung im Wettbewerb Dom-Römer-Bereich: Erster Preis für die Architektengemeinschaft Wolfgang Bartsch, Anselm Thürwächter und Hans H. Weber

11.6. Auflösung einer Demonstration von 500 persischen Studierenden gegen Zustände im Iran wegen verbotener Plakate (Campus Bockenheim nach Sachsenhausen)

18.6. Eröffnung des Parkhauses „Platz der Republik" (mit im Endausbau 950 Plätzen Frankfurts größtes Parkhaus)

19.6. (bis 26.6) Sechster Welt-Erdöl-Kongress und Ausstellung „interoil" mit 547 Ausstellern aus 207 Ländern und 5.000 Ingenieur*innen und Wissenschaftler*innen

19.6. (bis 27.6.) ACHEMA 1963 für das chemische Apparatewesen

25.6. John F. Kennedy besucht FFM und spricht in der Paulskirche

28.6. Erster Rammschlag für den U-Bahn-Bau (Adickeskreisel/Eschersheimer Landstraße)

11.8. Schließung des Theaters am Roßmarkt (Privatbühne) nach der 12. Spielzeit (Neueröffnung am 20.12. als „Die Komödie" (Neue Mainzer Straße))

6.9. (bis 8.9.) 18. ordentlicher SDS-Delegiertenkongress (Walter-Kolb-Studentenhaus, Beethovenplatz)

8.9. Demonstration von 1.500 spanischen Gastarbeite*innen in Solidarität mit streikenden spanischen Bergleuten in Andalusien (Innenstadt)

10.9. Einweihung des Julie-Roger-Heimes (Eckenheim) als modernste Alten- und Pflegestätte in FFM

13.9. Demonstration von Student*innen und Schüler*innen gegen den Bundesinnenminister Hermann Höcherl, die Mitarbeit ehemaliger SS-Mitglieder beim Verfassungsschutz und die Einschränkung der grundgesetzlich garantierten Grundrechte (Innenstadt), Tumulte und Auflösung durch die Polizei

21.9. Einweihung der neuen Schwanheimer Brücke

25.9. Demonstrationszug von 100 Studierenden zum US-Generalkonsulat gegen Rassismus in den USA

28.9. (bis 13.10.) Ausstellung „Frankfurts Verkehr – Pläne werden Wirklichkeit" über städtische Verkehrsplanung (Römerhallen)

30.9. In FFM sind 39.699 Gastarbeiter*innen beschäftigt

18.10. Einweihung des Nordwestkrankenhauses mit 615 Betten

27.10. Enthüllung des Marshall-Brunnens in der Taunusanlage

3.11. Kundgebung der „Kampagne für Abrüstung – Ostermarsch der Atomwaffengegner" in Vorbereitung auf den Ostermarsch 1964 (Paulskirche)

4.11. Fackelzug von 300 Studierenden gegen das Apartheidsystem in Südafrika

5.11. Immatrikulation des 10.000 Studierenden an der Goethe-Universität

9.11. Wiedereröffnung des erneuerten Städelschen Kunstinstituts

17.11. Enthüllung eines Ehrenmals für die Opfer der NS-Gewaltherrschaft (Hauptfriedhof)

20.11. (bis 31.12.) Ausstellung über jüdischen Widerstand im Warschauer Ghetto (Paulskirche)

21.11. Inbetriebnahme des Fußgängertunnels am Hauptbahnhof

23.11. Fackelzug von 300 Jugendlichen in Gedenken an John F. Kennedy (Innenstadt)

25.11. Trauerzug mit Tausenden Teilnehmer*innen in Gedenken an den ermordeten US-Präsidenten mit einer Ansprache von Oberbürgermeister Werner Bockelmann (Römerberg)

9.12. Umbenennung der Forsthausstraße in Kennedyallee

14.12. Einweihung der Theaterdoppelanlage mit einem Festakt mit Neuinszenierung von Goethes „Faust I"

20.12. Beginn des Auschwitz-Prozesses im Römer: „Strafsache gegen Mulka und andere"

21.12. Eröffnung der „Komödie" (Neue Mainzer Straße 18)

1964

11.1. Land Hessen übernimmt 30 Prozent der Kosten des U-Bahn-Baus

30.3. Abschlusskundgebung des hessischen Ostermarsches (Römerberg)

1.4. Fertigstellung des Bürgergemeinschaftshauses Gallus (Frankenallee)

3.4. Frankfurter Auschwitz-Schwurgericht tagt fortan im neuerbauten Bürgergemeinschaftshaus Gallus

14.4. Wahl von Oberbürgermeister Werner Bockelmann (SPD) zum Hauptgeschäftsführer des Deutschen Städtetages

15.4. Bürgermeister Rudolf Menzer soll Nachfolger des scheidenden Oberbürgermeisters Werner Bockelmann und Verkehrsdezernent Stadtrat Walter Möller Bürgermeister werden

26.4. Radrennen „Rund um Frankfurt" über 181 Kilometer

27.4. Eröffnung des Frankfurter Hunsche-Krumey-Prozesses gegen den ehemaligen Stellvertreter Adolf Eichmanns, Hermann Krumey, und den ehemaligen „Hausjuristen" Eichmanns, Otto Hunsche

30.4. DGB-Protestzug Hunderter Jugendlicher mit Fackeln, Spruchbändern und Fahnen unter dem Motto „Denkt an Auschwitz – festigt die Demokratie" (Römerberg zum Gewerkschaftshaus)

2.5. Eröffnung des Main-Taunus-Zentrums, das erste Einkaufszentrum in Deutschland

4.6. Proteste von 400 Anwohner*innen gegen Hochhauspläne im Holzhausenviertel (Bürgerhaus Dornbusch)

10.6. Fünfzigjahrfeier und Festumzug der Goethe-Universität

13.6. Eintracht Frankfurt unterliegt im DFB-Pokal-Endspiel 1860 München in Stuttgart mit 0:2

25.6. Eröffnung einer Betreuungsstelle für türkische Gastarbeiter*innen (Rothschildallee)

26.6. Richtfest für den Neubau des BHG-Hochhauses (Bockenheimer Landstraße): mit 82 Metern höchstes Bürogebäude Frankfurts

29.6. Verabschiedung von Oberbürgermeister Werner Bockelmann im Magistrat

2.7. Stadtverordnetenversammlung wählt Willi Brundert (SPD) mit 63 von 75 Stimmen zum Oberbürgermeister

10.7. Fertigstellung des Großumspannwerks an der Hochstraße

4.9. Einweihung des Bezirksbads Sachsenhausen

4.9. (bis 6.9.) 19. ordentliche Delegiertenkonferenz des SDS (Studentenhaus)

17.9. Stadtverordnete beschließen Gesamtverkehrsplanung; lediglich mit den Stimmen der SPD erfolgt die Zustimmung zum Bau des Nordwestzentrums durch die Gewerbebauträger GmbH (100 Millionen DM)

26.9. Internationale Kundgebung „Nie wieder Krieg – Nie wieder Faschismus – Nie wieder Auschwitz" mit 6.000 Teilnehmer*innen (Römerberg)

2.10. Übergabe der Berufsschule Philipp-Holzmann

5.10. Sendebeginn des dritten Fernsehprogramms in Hessen

8.10. Richtfest der Siedlung Fechenheim Südwest

9.10. Konstituierung der „Aktionsgemeinschaft Opernhaus Frankfurt e. V."

14.10. Eröffnung des „Sigmund-Freud-Instituts" für Psychoanalyse und psychoanalytische Medizin unter Leitung von Alexander Mitscherlich (Myliusstraße 20)

16.10. Fertigstellung des neuen IBM-Bürohauses (Wilhelm-Leuschner-Straße)

American Folk Blues Festival (Kongresshalle)

Werbeflyer der Unternehmen Adler und Torpedo für Schreibmaschinen

18.10.	Einweihung des wiederaufgebauten Willemer-Häuschens am Mühlberg
22.10.	Goldmedaille bei den Olympischen Spielen in Tokio für die deutsche Dressurreitermannschaft um Josef Neckermann (FFM)
24.10.	Enthüllung des Mahnmals für die Opfer des NS-Terrors (Paulskirche)
25.10.	Ergebnis der Kommunalwahlen: SPD 53,5 %, CDU 31,1 %, FDP 11,6 %, GDP/BHE 2,4 %, NDW 1,4 %
29.10.	Inbetriebnahme der neuen Fluglärm-Überwachungsanlage (Rhein-Main-Flughafen)
2.11.	Aufnahme des Leihverkehrs im neuen Gebäude der Stadt- und Universitätsbibliothek
18.11.	(bis 20.12.) Auschwitz-Ausstellung in der Paulskirche mit entliehenen Gegenständen, Originalfotos und Schriftstücken
12.12.	(bis 17.12.) 23 Teilnehmer*innen des Auschwitz-Prozesses reisen zur Ortsbesichtigung des Lagers nach Polen
18.12.	Einweihung der Kaiserleibrücke
31.12.	Liquidation der Trümmerverwertungsgesellschaft

1965

16.1.	Demonstration von 70 Personen gegen Pläne des Bundesverteidigungsministeriums, einen Minengürtel entlang der Zonengrenze zu legen (Hauptwache)
7.2.	Demonstration von 1.000 spanischen Gastarbeiter*innen für ein demokratisches Spanien (Innenstadt)
11.2.	Verkehrsübergabe der Fußgängerbrücke am Eschenheimer Turm
19.2.	Schweigemarsch von 30 Personen gegen die US-Politik in Vietnam am US-Generalkonsulat (Siesmayerstraße)
9.3.	Beendigung der Bauarbeiten an der Maybachbrücke
18.3.	Richtfest für die Müllverbrennungsanlage in der Nordweststadt
27.3.	Proteste der Ostermarschkampagne gegen die US-Politik in Vietnam, schwere Zusammenstöße der 450 Teilnehmer*innen mit der Polizei
1.4.	Einrichtung einer Ausbildungsstätte für Krankenpflegehelfer*innen an der Universitätsklinik
19.4.	Abschlusskundgebung der Ostermarschkampagne (Römerberg)
21.4.	Eröffnung der Berufsschule VII für Bürokaufleute (Seilerstraße)
28.4.	Eröffnung des Museums für Kunsthandwerk (Schaumainkai 15)
30.4.	Einweihung der Neuro-Chirurgischen-Klinik der Stadt- und Universitätsklinik
1.5.	DGB-Mai-Kundgebung unter starker Beteiligung spanischer Gastarbeiter*innen (Römerberg)

6.5. Trotz 1.000 Eingaben aus der Bürgerschaft beschließen die Stadtverordneten den Bebauungsplan Holzhausenstraße zur Umwandlung des Wohnviertels in ein Geschäftsviertel

14.5. Offizielle Eröffnung der Frankfurter Stadt- und Universitätsbibliothek im neuen Gebäude

24.5. Protestkundgebung des „Aktionsausschusses gegen Notstandsgesetze" in der Paulskirche und Demonstration zum Gewerkschaftshaus

29.5. Weihe des wiederaufgebauten Deutschordenshauses in Sachsenhausen

4.6. Einweihung des 15-geschossigen Zentralbaus des Höchster Krankenhauses

6.6. Einweihung der wiedererbauten Peterskirche

12.6. Einweihung der St. Matthias-Kirche in der Nordweststadt

15.6. Inbetriebnahme der Tank-Hydrantenanlage auf dem Rhein-Main-Flughafen

Demonstration mit 5.000 Teilnehmer*innen gegen Notstandsgesetze

Grundsteinlegung für die neue Empfangsanlage „West" (Rhein-Main-Flughafen, 300 Millionen DM)

18.6. Eröffnung der „Praunheimer Werkstätten" als Rehabilitationszentrum für berufsunreife Sonderschüler*innen

22.6. Geburt des ersten Gorillakindes im Zoo

27.6. Einweihung der Versöhnungskirche (Sondershausenstraße)

1.7. FFM wird „Weißer Kreis": Wegfall von Wohnraumbewirtschaftung, Mietpreisbindung und Mieterschutz

Stadtverordnete beschließen „Große Lösung Hauptwache": Zeitgleicher Bau der unterirdischen Anlagen und temporäre Verlagerung der historischen Hauptwache

Bundesweite Studentendemonstrationen gegen Bildungsnotstand mit 3.000 Teilnehmer*innen in FFM (Innenstadt und Kundgebung Römerberg)

Wahl Walter Rüeggs zum Rektor der Goethe-Universität

8.7. Beginn des ersten Frankfurter „U-Bahn-Prozesses" vor dem Landgericht: Ein Drogist verklagt die Stadt FFM auf Entschädigung für die Gewinneinbußen infolge des U-Bahn-Baus (im Urteil am 28.10. muss die Stadt FFM den durch den Bau der U-Bahn geschädigten Geschäftsleuten eine angemessene Entschädigung zahlen)

14.7. Grundsteinlegung für das Kultur- und Geschäftszentrum der Nordweststadt

5.8. Beginn der U-Bahn-Bauarbeiten an der Hauptwache

7.8. Demonstration von Atomwaffengegner*innen gegen Notstandsgesetze (Opernplatz), Beschlagnahmung von Pappsärgen der „Kampagne für Abrüstung"

9.8. Inbetriebnahme der neuen Isolier- und Quaräntnestation der Universitätskliniken

19.8. Urteil im Auschwitz-Prozess: Sechsmal lebenslang, elfmal Zuchthausstrafen bis zu 14 Jahren, drei Freisprüche

3.9. Im Palmengarten wird der Neubau der Blütengalerie eingeweiht

Einweihung der neuen Volksschule Schwanheim-Ost

10.9. Einweihung des Neubaus der Helene-Lange-Schule in Höchst (Gymnasium für Mädchen)

16.9. Erweiterung des Messegeländes um 200.000 m² für die IAA

Verkehrsübergabe der neuen „Alten Brücke"

Wahlkampfrede von Bundeskanzler Ludwig Erhard mit Störungen und Schlägereien (Römerberg)

19.9. Ergebnisse der Bundestagswahlen in FFM: SPD 46,3 %, CDU 35,7 %, FDP 12.2 %, DFU 3,0 %, NPD 2,7 %, AUD 0,1 %

21.9. Einweihung der Grundschule II, erstes fertiggestelltes Schulgebäude der Nordweststadt

27.9. (bis 28.10.) Großer Jugend-Wettbewerb zur Unterstützung des Wiederaufbaus des Opernhauses: Sammlung erbringt 120.000 DM

28.9. (bis 4.10.) Veranstaltungswoche der „Kampagne für Abrüstung – Ostermarsch der Atomwaffengegner" unter dem Motto „Gegen den Krieg in Vietnam – Für weltweite Abrüstung und Entspannung"

30.9. Magistrat beschließt Sparmaßnahmen: Erhöhung der Straßenbahntarife und der Gewerbesteuer sowie Absage der Bundesgartenschau 1969

1.10. Fortschreitender U-Bahn-Bau bedingt die dreijährige Schließung des Cafés Hauptwache

11.10. Einweihung des 23-stöckigen Hochhauses der Berliner Handelsgesellschaft (Bockenheimer Landstraße)

14.10. (bis 17.10.) 20. Delegiertenkonferenz des SDS (Studentenhaus)

15.10. Wiedereröffnung des Kaufhauses Hansa als Hertie nach Totalumbau

1.11. Nach Abschluss des Auschwitz-Prozesses wird das Bürgergemeinschaftshaus Gallus seiner Bestimmung übergeben

14.11. Einweihung eines Ehrenmals für die Opfer des Krieges und des Nationalsozialismus (Höchster Hauptfriedhof)

25.11. Einweihung der Blumen-Großmarkthalle an der Festeburg

26.11. Bundesweiter Vietnam-Tag der „Kampagne für Abrüstung": in FFM Fackeldemonstration (Innenstadt) und Kundgebung (vor Haus Dornbusch)

27.11. Eröffnung eines griechischen Handelszentrums für Deutschland in FFM

30.11. Inbetriebnahme eines elektronischen Auskunftsautomaten im Hauptbahnhof

Grundsteinlegung für neues Heizkraftwerk Niederrad

6.12. Eröffnung eines Fußgängertunnels unter der Hanauer Landstraße

9.12. Richtfest für das Shell-Hochhaus (Nibelungenplatz), mit 85 Metern höchstes Gebäude FFMs

14.12. Sprengung des 72 m hohen Schornsteins der aufgelösten Trümmerverwertungsgesellschaft (TVG)

Eröffnung des zweiten Auschwitz-Prozesses gegen drei frühere SS-Angehörige

19.12. Weihe der neuen Orgel in St. Antonius, der zweitgrößten FFMs nach der im Dom

Demonstration von 150 spanischen Gastarbeiter*innen für Demokratisierung in ihrem Heimatland (spanisches Generalkonsulat, Grüneburgweg)

1966

1.1. Fusion der Stadtwerke und der Straßenbahn zum gemeinsamen Eigenbetrieb „Stadtwerke Frankfurt am Main"

20.1. Demonstration von 350 Studierenden für Erhöhung der Sozialzuschüsse zu Straßenbahnnetzkarten

31.1. Begrüßung von 128 südkoreanischen Krankenschwestern (Römer): sie sollen den akuten Schwesternmangel beheben

9.2. Warnstreiks in 21 Betrieben mit 15.000 Teilnehmer*innen

12.2. Demonstration von 500 Spanier*innen gegen Francos Atompolitik (vom Opernplatz zum spanischen Generalkonsulat im Grüneburgweg)

14.2. Probebetrieb der Müllverbrennungsanlage in der Nordweststadt

24.2. Demonstration von sechs Studentengruppen gegen den Vietnamkrieg, Handgemenge mit Gegendemonstranten

11.4. Abschlusskundgebung der Kampagne für Abrüstung mit 10.000 Teilnehmer*innen (Römerberg)

15.4. Premiere des ersten Werbefilms der Stadt FFM „Frankfurt – Schnittpunkt vieler Straßen"

Gravierter Bierkrug der Henninger-Bräu für Oberbürgermeister Willi Brundert, 1964

18.4. Frankfurter Jüdische Gemeinde eröffnet die erste jüdische Schule in der Bundesrepublik (seit 1968 Isaak-Emil-Lichtigfeld-Schule)

19.4. Partnerschaftsvertrag Birmingham-FFM-Lyon

25.4. Schweigemarsch von 60 persischen Studierenden gegen Justizwillkür in ihrer Heimat (Goethe-Universität)

29.4. (bis 1.5.) 10. Deutsches Jazz-Festival (Funkhaus am Dornbusch und Volksbildungsheim)

10.5. Einweihung der 80. Frankfurter Kindertagesstätte

13.5. Eröffnung des erneuerten Brentanobades (Rödelheim) mit größtem Schwimmbecken der Bundesrepublik

16.5. US-Militärsender AFN räumt das Höchster Schloss und bezieht ein neues Gebäude in der Nähe des Hessischen Rundfunks

18.5. Neubau der Liebigschule wird übergeben (13,7 Millionen DM)

22.5. SDS-Studentenkongress zum Thema „Vietnam – Analyse eines Exempels" mit anschließender Vietnam-Kundgebung

23.5. Einweihung des Erweiterungsbaus des Hauses der Jugend

3.6. Eröffnung der „Experimenta": eine Woche experimentelles Theaters mit Stücken neuer Autor*innen auf Frankfurter Bühnen (u.a. Brecht, Beckett, Handke)

7.6. Hessischer Ministerpräsident Dr. Georg August Zinn wird Ehrenbürger der Stadt FFM

20.6. Übergabe des Klärwerkes Sindlingen

21.6. Enthüllung eines Wandmosaiks (Keramikplatten mit Frankfurter Symbolen) von Erich Husemann am Fußgängertunnel am Hauptbahnhof

23.6.	Ausbau des Friedhofes Westhausen beendet
25.6.	Enthüllung der Gedenktafel für John F. Kennedy an der Paulskirche
28.6.	Erster Rammschlag zur zweiten U-Bahn-Linie an der Vilbeler Straße
30.6.	Grundsteinlegung für ein 20-geschossiges Schwesternhochhaus (Windthorststraße) als höchstes Bauwerk der westlichen Vororte
2.7.	Übergabe der erneuerten Radrennbahn im Waldstadion
4.7.	24-stündige Mahnwache der „Kampagne für Abrüstung" vor dem US-Generalkonsulat (Siesmayerstraße)
5.7.	Unterzeichnung des Universitätsvertrags zwischen der Stadt FFM und dem Land Hessen, hiermit wird die Hochschule ab 1.1.67 Landesuniversität
19.7.	Demonstration von 2.000 Studierenden und Professor*innen für Neubauten in Universitätsnähe
31.7.	Begeisterter Empfang der deutschen Fußballnationalmannschaft nach dem verlorenen Finale in Wembley rund um den Römer
20.8.	Probefahrt des ersten U-Bahn-Zuges im Abschnitt Eschersheimer Landstraße
	Einweihung der Sachsenhäuser Bergkirche
28.8.	Einweihung der Bezirkssportanlage Pfortenstraße in Fechenheim
7.9.	Einweihung des neuen Botanischen Universitätsinstituts
9.9.	Eröffnung des ersten Jugendkioskes der Bundesrepublik (Rathenauplatz)
10.9.	Im Box-Weltmeisterschaftskampf Ali/Mildenberger siegt Muhammad Ali im Waldstadion
16.9.	Urteil im zweiten Auschwitz-Prozess: Lebenslanges Zuchthaus für Josef Erber, acht Jahre für Wilhelm Burger, dreieinhalb Jahre für Gerhard Neubert
29.9.	Volks- und Realschule Preungesheim erhält den Namen Carlo-Mierendorff-Schule
30.9.	Eröffnung des Air-Centers am Hauptbahnhof
Okt.	Einrichtung der Jugendarrestanstalt in Höchst
2.10.	Weihe der Dreifaltigkeitskirche in der Kuhwaldsiedlung
3.10.	Eröffnung eines ersten Frankfurter Euthanasieprozesses vor dem Schwurgericht gegen die drei Ärzte Heinrich Bunke, Aquilin Ullrich und Klaus Endruweit
4.10.	Konstituierende Sitzung des Planungsbeirates der Regionalen Planungsgemeinschaft Untermain
11.10.	Stadtrat Walter Möller präsentiert den ersten von fünf Bänden des Gesamtverkehrsplans
15.10.	Fertigstellung des Shell-Hochhauses (Nibelungenplatz), des seinerzeit mit 85 Metern höchsten Hauses in FFM
18.10.	Einweihung des neuen Studentenwohnheims der Walter-Kolb-Stiftung mit 160 Plätzen (Eckenheimer Landstraße)
28.10.	Einweihung des Instituts für Krankenpflege des Agnes-Karll-Verbandes im Nordwestkrankenhaus
	Einweihung des seinerzeit größten Studentenwohnheims in FFM mit 430 Plätzen (Brentanobad/Hausen)
30.10.	Kongress des Kuratoriums „Notstand der Demokratie" mit 20.000 Teilnehmer*innen (Römerberg), größte Demonstration in FFM seit Jahren
1.11.	Inbetriebnahme der ersten schwenkbaren Fluggastbrücke auf dem Rhein-Main-Flughafen
6.11.	Ergebnis der Landtagswahlen für FFM: SPD 51,1 %, CDU 26,3 %, FDP 12,0 %, NPD 8,5 %, BHE 2,1 %
7.11.	Eröffnung des renovierten Limpurgsaals
	Abtragung der historischen Hauptwache und Konservierung der Steine für einen originalgetreuen Wiederaufbau
11.11.	Inbetriebnahme der Fluggast-Abfertigungsanlage für den Inlandsverkehr (Rhein-Main-Flughafen)
27.11.	Weihe der Cantate-Domino-Kirche in der Nordweststadt

29.11. Demonstration von 200 Linken gegen die Große Koalition in Bonn (Volksbildungsheim)

2.12. Beginn des Kurzschuljahres: Schulanfang ist künftig nicht mehr an Ostern, sondern im September

5.12. Neue Geschäftsordnung des Magistrats ersetzt die Fassung von 1948

11.12. Demonstration von 500 Spanier*innen aus dem Rhein-Main-Gebiet gegen das für den 14.12. von Franco geplante Referendum

14.12. Literarisches Vietnam-Teach-in (Goethe-Universität)

1967

1.1. Auf der Linie 44 (Nordweststadt) werden die ersten Frankfurter Doppeldeckbusse eingesetzt

Goethe-Universität wird staatliche Hochschule

13.1. Haupt- und Finanzausschuss der Stadtverordnetenversammlung beschließt Einstellung der U-Bahn-Bauarbeiten an der B-Strecke

16.1. Übergabe des Neubaus des Lessing-Gymnasiums

19.1. Als erstes Haus der „Bürostadt im Grünen" Schwanheim-Niederrad bezieht der VDMA ein neunstöckiges Bürogebäude

26.1. Generalintendant Harry Buckwitz erklärt, seinen 1968 ablaufenden Vertrag nicht mehr erneuern zu wollen

4.2. Demonstration weniger Jugendlicher gegen den Vietnamkrieg

11.2. Kundgebung mehrerer Hochschulgruppen mit 150 Teilnehmer*innen gegen den Vietnamkrieg (Opernplatz), im Anschluss Handgemenge mit der Polizei vor dem US-Generalkonsulat (Siesmayerstraße)

16.2. Bezug des 85 Meter hohen Shell-Hochhauses (Nibelungenplatz)

18.2. Demonstration von 200 Jugendlichen gegen den Vietnamkrieg (Innenstadt und US-Generalkonsulat)

22.2. SDS-Demonstration mit 200 Teilnehmer*innen für Einführung von Nummern- und Namensschildern bei der Frankfurter Polizei (Innenstadt)

26.2. Gründung des „Aktionszentrums Unabhängiger und Sozialistischer Schüler" (AUSS) durch 40 Schüler*innen aus 17 bundesdeutschen Städten

4.3. Demonstration von 1.000 Studierenden und spanischen Gastarbeiter*innen gegen Franco-Regime (Innenstadt, Abschlusskundgebung Paulsplatz)

27.3. Abschlusskundgebung mit 8.000 Teilnehmer*innen des Ostermarsches (Römerberg)

3.4. (bis 6.4.) Freundschaftstreffen der Partnerstädte FFM, Lyon und Birmingham in Birmingham

18.4. Gründung einer Frankfurter Immobilienbörse

23.4. Demonstration griechischer Gastarbeiter*innen gegen die griechische Militärdiktatur (Gewerkschaftshaus)

25.4. Beginn des zweiten Frankfurter Euthanasieprozesses gegen vier Vorgesetzte der im ersten Euthanasieprozess angeklagten drei Ärzte

28.4. Eröffnung des Bürgerhauses Nied

30.4. Einweihung der russisch-orthodoxen Kirche St. Nikolaus in Hausen

1.5. DGB-Mai-Demonstration mit über 2.500 spanischen und griechischen Gastarbeiter*innen gegen Diktatur und Faschismus in Griechenland und Spanien (Römerberg)

3.5. Zoo meldet eine Weltsensation: die Geburt von Gorillazwillingen

7.5. (bis 13.5.) 13. Deutsch-Amerikanische Freundschaftswoche, Jugendliche versuchen durch Zünden einer Rauchbombe, die Eröffnungsveranstaltung auf dem Römerberg zu stören

12.5. Eröffnung eines Kulturzentrums für spanische Gastarbeiter*innen in Höchst

23.5. Urteil im ersten Frankfurter Euthanasieprozess: Freispruch für alle drei Angeklagten

26.5. Bei einer „Provos"-Demonstration im Hauptbahnhof

steigen Luftballons mit Parolen gegen den Schah von Persien auf

1.6. Beschluss für den Schulentwicklungsplan I für FFM und damit Neuordnung der Volksschulen in Grund- und Hauptschulen ab 1.9.67

2.6. Demonstration von 400 Studierenden gegen das Schah-Regime und den Besuch des persischen Herrscherpaares in der Bundesrepublik (Innenstadt)

2.6. (bis 10.6.) „Experimenta II": Woche für experimentelles Theater (Kammerspiel der Städtischen Bühnen und TAT)

3.6. Schweigemarsch des Jüdischen Studentenvereins Frankfurt mit 3.000 Demonstrant*innen und anschließender Kundgebung für den Frieden in Israel (Römerberg) sowie Schweigeminute für den am 2.6. erschossenen Benno Ohnesorg

5.6. Magistrat lehnt den Wiederaufbau des Opernhauses ab

3.000 Studierende kommen zu einem Teach-in zusammen und diskutieren über die Umstände des Todes des Berliner Studenten Benno Ohnesorg

8.6. Schweigemarsch mit 5.000 Studierenden anlässlich der Ermordung von Benno Ohnesorg (Innenstadt zum Römerberg)

17.6. (bis 18.6.) Aktionszentrum unabhängiger und sozialistischer Schüler (AUSS) veranstaltet in der Goethe-Universität seinen ersten deutschen Schülerkongress

17.6. Eintracht Frankfurt wird durch 1:1 im Rückspiel gegen Inter Bratislava Sieger im Intertoto-Pokal

19.6. (bis 23.6.) „Notstandswoche" des AStA zur Information über die Notstandsgesetze

20.6. FFM und Land Hessen einigen sich vertraglich wegen der Übernahme der Frankfurter Universität durch das Land

21.6. Eröffnung der Messehalle 5 (größte ebenerdige Ausstellungshalle Europas)

27.6. Demonstration von 2.000 Personen aus Frankfurter Jugendgruppen gegen Notstandsgesetze (Innenstadt mit Kundgebung Römerberg)

28.6. Neugestaltete Auffahrt zur Alten Brücke (Sachsenhäuser Seite) wird dem Verkehr übergeben

1.7. Richtfest des neuen Verwaltungsgebäudes der IG-Metall

Chirurgische Universitätsklinik erhält zweiten Frankfurter Notarztwagen

7.7. (bis 10.7.) Hochschulpolitische Tage des AStA u.a. mit Rudi Dutschke (Goethe-Universität)

18.7. Mit Hilfe des 5. US-Corps wird die Grünzone der Nordweststadt geplant

24.8. Verkehrsübergabe der Fly-over-Brücke am Opelkreisel

30.8. Eröffnung des dritten Auschwitz-Prozesses gegen zwei ehemalige Funktionshäftlinge mit Mordanklage in 189 Fällen

1.9. Goethegymnasium erteilt als erste Frankfurter Schule zweisprachigen Unterricht in Deutsch und Englisch

3.9. Senckenberg-Museum erhält einen auf Borkum gestrandeten Schwertwal als Ausstellungsstück

4.9. (bis 8.9.) 23. SDS-Delegiertenkonferenz mit Rudi Dutschke (Mensa der Goethe-Universität)

6.9. 300 SDS-Mitglieder, darunter Fritz Teufel und Rudi Dutschke, stören eine Podiumsdiskussion im Amerika-Haus und stürmen die Bühne, anschließender Hausverweis durch die Polizei

9.9. Bei SDS-Demonstration mit 150 Teilnehmer*innen kann ein Haftbefehl gegen Fritz Teufel im Durcheinander nicht vollstreckt werden

14.9. (bis 24.9.) IAA mit 750.000 Besucher*innen

20.9. Gründung der Frankfurter Sportstiftung

25.9. Farbwerke Hoechst erhalten eine eigene Station der Bundesbahn: Haltepunkt „Farbwerke Hoechst"

26.9. Mitglieder der „Unabhängigen und sozialistischen Schülergemeinschaft" fordern in Flugblättern kostenlose Benutzung der Straßenbahn (Goetheplatz)

1.10. Neubau des Hessenkollegs am Biegwald wird bezogen

6.10. Eröffnung des ersten Schlachtviehmarktes der EWG in FFM

7.10. Einweihung der Michaeliskirche in Sossenheim

12.10. (bis 17.10.) 19. Internationale Frankfurter Buchmesse mit Plakataktionen gegen das Verlagshaus Axel Springer und Konflikten zwischen Verlegern und der Messeleitung

15.10. Demonstration von 500 Personen gegen den Axel Springer- und Ullstein-Verlag (Buchmesse)

16.10. SDS-Demonstration gegen den Axel Springer-Verlag (Messehalle 6, Buchmesse)

19.10. Eröffnung einer „Vietnam-Woche" des hessischen Ausschusses der „Kampagne für Abrüstung – Ostermarsch der Atomwaffengegner" mit Informationsständen, Kundgebung und öffentlichen Diskussionen

21.10. Demonstration von 300 Jugendlichen vor dem US-Einkaufszentrum PX gegen den Vietnamkrieg

25.10. Richtfest für den Zentralbau der Universitätskliniken

27.10. 150-Jahrfeier der Senckenbergischen Naturforschenden Gesellschaft

28.10. Wiederaufstellung des Tugendbrunnens (Heiliggeistbrunnen) in der Hasengasse

Nov. Beginn der Begrünung des Müllberges (Monte Scherbelino)

2.11. Demonstration von 120 Studierenden gegen Krönungsfeierlichkeiten in Teheran (Campus Bockenheim zum Opernplatz)

6.11. Einweihung des größten hessischen Altenzentrums in Höchst (Victor-Gollancz-Heim)

7.11. Richtfest für das Nordwestzentrum

8.11. Einweihung des Hallenbades der Bundessportschule am Waldstadion

Eröffnung des NS-Prozesses gegen den ehemaligen Frankfurter Polizeipräsidenten und SA-Gruppenführer Adolf Beckerle und den früheren Legationsrat Fritz Gebhardt von Hahn

9.11. Stadtverordnetenversammlung führt die Fragestunde ein

10.11. Grundsteinlegung für den Neubau der Deutschen Bundesbank (Ginnheimer Höhe)

12.11. Kundgebung mit 1.000 spanischen Franco-Gegner*innen (Volksbildungsheim)

29.11. Grundsteinlegung für das Flughafenhotel (Unterschweinstiege)

15.11. IG-Metall-Großkundgebung im Tarifstreit mit 8.000 Teilnehmer*innen (Römerberg)

20.11. SDS-Mitglieder stürmen eine Vorlesung von Carlo Schmid und diskutieren bei diesem Go-in mit dem SPD-Mitglied über Notstandsgesetze

23.11. Goethe-Universität-Rektor Walter Rüegg verurteilt Störungen des akademischen Lehrbetriebs durch Go-ins, Sit-ins und Teach-ins scharf und kündigt Strafanzeigen an

24.11. Schwere Auseinandersetzungen zwischen mehreren Hundert Jugendlichen und der Polizei am Rande einer Veranstaltung der NPD (Zoo-Gesellschaftshaus)

27.11. Bisher größtes Teach-in an der Goethe-Universität mit 1.000 Teilnehmer*innen mit den Themen Freispruch des Todesschützen von Benno Ohnesorg und SDS-Verbot durch Rektor Walter Rüegg

30.11. Farbwerke Hoechst nehmen die erste Ausbaustufe einer Großanlage zur biologischen Abwasserreinigung in Betrieb

1.12. Einweihung des Verwaltungsgebäudes der Main-Gas-Werke (Solmsstraße)

5.12. Übergabe der Eduard-Spranger-Schule Sossenheim (heute Edith-Stein-Schule)

Inbetriebnahme des neuen Hörspielstudios des Hessischen Rundfunks

Wahlwerbung der Parteien in Frankfurt für die Bundestagswahl 1969

6.12. Konzil der Goethe-Universität beschließt, Studierende mit 20 Prozent an der Konzilssitzung zu beteiligen, der AStA erhöht daraufhin die Forderung auf 30 Prozent

7.12. Auf der Alten Brücke wird eine Nachbildung des historischen „Brickegickels" enthüllt

Proteste von Junggewerkschaftlern und Studierenden gegen die Große Koalition

11.12. Einweihung der Heinrich-Kleyer-Berufsschule für Maschinenbau, Metallbau, Feinwerktechnik und Kraftfahrzeugwesen, der größten deutschen metallgewerblichen Berufsschule

19.12. Teach-in mit 800 Teilnehmer*innen und Debatte über eine neue Satzung für die Goethe-Universität

20.12. Inbetriebnahme des Heizkraftwerkes Niederrad

26.12. Eröffnung des Museums für Kunsthandwerk (Schaumainkai)

31.12. Rationalisierungsmaßnahmen der Deutschen Bundesbahn erzwingen die Schließung des Bundesbahnausbesserungswerkes Nied

Informationsflyer, Fahrkarten, Buttons und Fähnchen anlässlich der Einweihung der U-Bahn, 1968

1968

19.1. Erste Öffentliche Versammlung der Sozialistischen Opposition mit Prof. Wolfgang Abendroth (Volksbildungsheim)

Gründung des „Komitees der Nichthabilitierten für Demokratisierung der Universität" (Goethe-Universität)

24.1. Einweihung der Feuerwache V (Höchst)

25.1. Eröffnung des ersten Hippie-Ladens in der Bundesrepublik (Holzgraben 9)

27.1. Karin Storch erhält in München die Theodor-Heuss-Plakette wegen ihrer Mitarbeit in der Schülermitverwaltung und ihrer mutigen Rede, mit der sie bei ihrer Abiturfeier auf Missstände der Erziehung zur Demokratie aufmerksam gemacht hat

31.1. Aufstockung des Bücherturms der Deutschen Bibliothek

5.2. Gescheiterter Versuch von 2.000 Demonstrant*innen, im Anschluss an ein Teach-in mit Rudi Dutschke das US-Generalkonsulat zu besetzen, Einsatz von Wasserwerfern und Schlagstöcken durch die Polizei

8.2. Wissenschaftliche Sensation im Zoo: Nachwuchs bei den Mähnenwölfen

14.2. Beschlagnahmung von 45.000 Exemplaren des neuen KPD-Programms (Druckerei am Kurfürstenplatz)

23.2. Freispruch gegen die „Anführer" der Proteste vom 5.2. mangels Beweisen

29.2. Stadtverordnete beschließen, keine Mittel für den Wiederaufbau des Opernhauses bereitzustellen

Großkundgebung der „Kampagne für Demokratie und Abrüstung" gegen den Vietnamkrieg am Römerberg und Marsch nach Bornheim

Rudi Dutschke wird von der Polizei am Flughafen

festgesetzt, 1.500 Demonstranten versuchen das Polizeipräsidium zu stürmen, um 23 Uhr darf Dutschke zur Deeskalation nach FFM fahren

16.3. (bis 31.3.) „Dippemeß" findet aufgrund des anstehenden U-Bahn-Baus zum letzten Mal zwischen Dom und Römer statt

20.3. Premiere des „Vietnam-Diskurs" von Peter Weiss im Schauspiel

22.3. (bis 28.3.) Bundesentscheid im naturwissenschaftlichen Wettbewerb „Jugend forscht" in der Jahrhunderthalle Höchst

26.3. Übergabe des erneuerten Goldenen Buches der Stadt FFM durch den Enkel des Stifters Freiherr Johann Philipp von Bethmann

Hessische Landesregierung beschließt den Ausbau des Rhein-Main-Flughafens bis 1973 (965 Millionen DM), der Hessische Verwaltungsgerichtshof hebt den Beschluss nach starken Protesten wieder auf

Einweihung des neuen Sudhauses der Binding-Brauerei AG (größtes Europas)

31.3. 120 Studierende dringen in den Festsaal im Palmengarten ein und sorgen für Abbruch des Besuchs des griechischen Botschafters Alexis Kyrou

3.4. In der Nacht zwei Brandanschläge auf die Kaufhäuser Kaufhof und Schneider, als Brandstifter*innen werden Andreas Baader, Thorwald Proll, Horst Söhnlein und Gudrun Ensslin festgenommen

9.4. Schweigemarsch mit 800 Personen anlässlich der Ermordung von Martin Luther King (Innenstadt)

10.4. Grundsteinlegung zum Wiederaufbau der historischen Hauptwache

11.4. Demonstrationen von 200 Jugendlichen im Schauspiel und am Hauptbahnhof als Reaktion auf das Attentat auf Rudi Dutschke

12.4. Bei Anti-Springer-Demonstrationen wollen 2.000 Personen die Auslieferung der BILD-Zeitung verhindern und liefern sich vor der Societäts-Druckerei Straßenschlachten mit der Polizei

15.4. Abschlusskundgebung der Ostermarschkampagne mit 12.000 Teilnehmer*innen (Römerberg)

Fortsetzung der Proteste gegen den Springer-Konzern, SDS-Teach-in gegen Springer, Straßenschlachten mit der Polizei

16.4. Hans-Jürgen Krahl fordert auf einem Teach-in vor 1.000 Studierenden, dass sich Oberbürgermeister Willi Brundert, der hessische Innenminister Heinrich Schneider und sein Stellvertreter wegen der harten Vorgehensweise der Polizei verantworten sollen

17.4. Oberbürgermeister Willi Brundert diskutiert mit 2.000 Studierenden, Arbeiter*innen und Schüler*innen über die Polizeiaktionen der vergangenen Tage (Goethe-Universität)

18.4. Einweihung der Olga von Lersner-Schwesternschule des St. Markus-Krankenhauses

19.4. Eintägiger Warnstreik von 2.000 Studierenden der vier Ingenieurschulen, um Forderungen nach Reformen in der Ausbildung Nachdruck zu verleihen

21.4. DGB-Kundgebung mit dem griechischem Exilpolitiker Andreas Papandreou vor 3.000 Zuhörer*innen (Kongresshalle)

24.4. Richtfest für die neue Blutspendezentrale des Deutschen Roten Kreuzes in den Universitätskliniken

27.4. Forderung des Bezirksparteitages der IG Druck und Papier nach einer Enteignung Springers und einem NPD-Verbot

30.4. Aktionsgemeinschaft Opernhaus reicht einen Bauantrag zur Sicherung der Opernhaus-Ruine ein

1.5. DGB-Mai-Kundgebung gegen Notstandsgesetzgebung mit 15.000 Teilnehmer*innen (Römerberg)

6.5. Restaurierte Saalhofkapelle wird der Öffentlichkeit vorgestellt

Demonstration Hunderter Studierender vor französischem Generalkonsulat in Solidarität mit dem Generalstreik in Frankreich

11.5. „Sternmarsch auf Bonn" gegen Notstandsgesetze mit zahlreichen Frankfurter Schüler*innen, Studierenden und Lehrkräften

14.5. Einweihung des Max-Planck-Instituts für Europäische Rechtsgeschichte 8 (Freiherr-vom-Stein-Straße 7)

Demonstration von 800 Medizinstudent*innen gegen Ausbildungsnotstand für Medizinalassistenten (Universitätskliniken)

15.5. Aus Protest gegen die Notstandsgesetzgebung Streik an der Goethe-Universität, Unterstützung von 2.000 Schüler*innen, Gewerkschaftern, Belegschaften von Verlagen und Betrieben, Warnstreiks in 20 Frankfurter Betrieben

16.5. Schlägereien zwischen Streikbefürworter*innen und Gegner*innen, Mehrheit eines Teach-ins spricht sich für Beendigung des zweitägigen Universitätsstreiks aus

20.5. Einweihung der Heinrich-Steul-Schule (Sonderschule für Körperbehinderte) und der Hermann-Herzog-Schule (Sonderschule für Sehbehinderte)

22.5. „Marsch auf Wiesbaden" unter Teilnahme von 600 Frankfurter Schüler*innen, Forderungen nach „Demokratisierung des Schulwesens"

24.5. Senat und Rektor Walter Rüegg schließen Goethe-Universität auf Druck der Protestler*innen bis 1.6.

Versuche von Student*innen und Schüler*innen, Arbeiter*innen zum Generalstreik zu bewegen

27.5. DGB-Protestkundgebung gegen Notstandsgesetzgebung mit 12.000 Teilnehmer*innen (Römerberg)

Proklamierung der „Karl-Marx-Universität" und Besetzung des Rektorats (Goethe-Universität)

Diskussionen über Notstandsgesetze in der Oper nach der Pause von „La Traviata"

28.5. Intellektuelle rufen vor Mikrofonen und Fernsehkameras des HR zum Widerstand gegen die Notstandsgesetzgebung auf

1.000 Schüler*innen bestimmen Bettinaschule zum Aktionszentrum gegen Notstandsgesetze

29.5. Hessens Verkehrs- und Wirtschaftsminister Rudi Arndt appelliert, die Besetzung der Goethe-Universität aufzugeben und das Rektorat zu räumen

30.5. Auf Anordnung des hessischen Innenministeriums räumen und besetzen zwei Hundertschaften der Polizei die Goethe-Universität und die Bettinaschule, Studierende reagieren mit Verkehrsblockaden und Besetzung des Schauspiels

31.5. Durchsuchung der Bundesgeschäftsstelle des SDS (Wilhelm-Hauff-Straße 5)

31.5. (bis 1.6.) Schüler- und Studentenkongress unter dem Motto „Politik, Protest und Widerstand" (Festhalle), Abbruch wegen nur 1.000 Teilnehmer*innen statt der erwarteten 10.000 und Verlagerung in die Mensa der Goethe-Universität

1.6. Gedenkveranstaltung von 300 Studierenden an den ein Jahr zuvor erschossenen Studenten Benno Ohnesorg (Opernplatz)

1.6. (bis 3.6.) Dritte Bundesdelegiertenkonferenz des AUSS (Studierendenhaus)

2.6. Einweihung des Altersheims der Henry-und Emma-Budge-Stiftung in Seckbach

5.6. Wiederaufnahme des Lehr- und Forschungsbetriebes an der Goethe-Universität

CDU veranstaltet das erste „Römer-Gespräch" (Volksbildungsheim)

10.6. Preisverleihung im Jugendwettbewerb „Frankfurt 2000"

11.6. Neuauftakt des Prozesses gegen den ehemaligen SS-Obersturmbannführer und Mitarbeiter Adolf Eichmanns Hermann Krumey und den früheren SS-Hauptsturmführer und Gestapo-Mitarbeiter Otto Hunsche

Eintägiger Streik von 2.000 Ingenieurstudent*innen der vier Frankfurter Ingenieurschulen

14.6. Urteil im dritten Frankfurter Auschwitz-Prozess: lebenslang für Bernhard Bonitz und Josef Windeck wegen Mordes

18.6.	Eröffnung der ersten deutschen Goldbörse in FFM
21.6.	Eröffnung des Neubaus der Johann-Hinrich-Wichern-Schule (Sonderschule für Lernbehinderte)
25.6.	Genehmigung für die „Aktionsgemeinschaft Opernhaus" für Aufräumungs- und Sicherungsarbeiten an der Opernhausruine
28.6.	Urteil im NS-Prozess gegen Adolf Beckerle: Das Verfahren gegen den ehemaligen deutschen Gesandten in Sofia wird wegen Verhandlungsunfähigkeit eingestellt
1.7.	Hessischer Generalstaatsanwalt Fritz Bauer wird tot in seiner Wohnung aufgefunden, Todesursache: Herzschlag
5.7.	Teach-in an der Goethe-Universität und Demonstration zum britischen Generalkonsulat aus Protest gegen den Völkermord in Biafra/Nigeria
8.7.	Einrichtung des Beschwerdetelefons „Fluglärmbelästigung"
18.7.	Richtfest für den 120 Meter hohen Kamin des zentralen Fernheizwerkes der Goethe-Universität (Gräfstraße)
23.7.	Liebieghaus eröffnet seine zweite Studiensammlung (ägyptische, antike und koptische Kunst)
3.8.	(bis 5.8) Das Mainfest wird wegen des U-Bahn-Baus zum letzten Mal auf dem Römerberg gefeiert
5.8.	Demonstration der Aktion „Hilfe für Biafra" mit 250 Teilnehmer*innen (vom Opernplatz zum britischen Generalkonsulat)
13.8.	Demonstration der Aktion „Hilfe für Biafra" mit 50 Teilnehmer*innen (vor sowjetischer Militärmission)
16.8.	Offizielle Inbetriebnahme der Müllverbrennungsanlage in der Nordweststadt und Eröffnung des Hauptbetriebshofes der Müllabfuhr
18.8.	100 „Biafra"-Demonstrant*innen beginnen vom Paulskirchenplatz aus einen Schweigemarsch nach Bonn
19.8.	Urteil im NS-Prozess gegen Fritz Gebhardt von Hahn: der ehemalige Legationssekretär im Auswärtigen Amt erhält acht Jahre Zuchthaus wegen Beihilfe zur Ermordung von mindestens 30.000 Juden
21.8.	Demonstration von 500 Personen gegen die sowjetische Invasion in der Tschechoslowakei (sowjetische Militärmission in Niederrad und Büro des DDR-Ministeriums für Außenwirtschaft, Kaiserstraße 15)
22.8.	Protest mit 5.000 Teilnehmer*innen gegen die sowjetische Intervention in der Tschechoslowakei (Römerberg), 200 Jugendliche stürmen das Gelände der sowjetischen Militärmission in Niederrad und werden von der US-Militärpolizei vertrieben
30.8.	Tumulte und Handgreiflichkeiten bei der Premiere des US-Kriegsfilms „Die grünen Teufel" im Turm-Palast
31.8.	Verabschiedung des langjährigen Generalintendanten der Städtischen Bühnen Harry Buckwitz
1.9.	„Anti-Kriegs-Konferenz" der hessischen Gewerkschaftsjugend (Bürgergemeinschaftshaus Gallus)
2.9.	Einführung des neuen Generalintendanten der Städtischen Bühnen Ulrich Erfurth
7.9.	Eröffnung des Frankfurter Festplatzes am Ostpark mit der Frankfurter Dippemeß
8.9.	Protestversammlung des „Aktionskomitees für die Beseitigung der Diktatur in Griechenland" gegen den Entwurf einer neuen griechischen Verfassung (Bürgergemeinschaftshaus Gallus)
9.9.	Magistrat beschließt, sich beim DFB um die Ausrichtung von Spielen bei der Fußball-Weltmeisterschaft 1974 zu bewerben
12.9.	(bis 16.9.) SDS-Bundesdelegiertenkonferenz wird ohne Beschlüsse und Neuwahl eines Bundesvorstandes vertagt
14.9.	Konzerte der amerikanischen Rockbands „The Doors" und „Canned Heat" (Kongresshalle)
15.9.	Schwarzfahren in Straßenbahnen und Bussen wird mit 20 DM doppelt so teuer wie bisher
	150 Demonstrant*innen blockieren das Café Laumer (Bockenheimer Landstraße), weil sich die Geschäfts-

führung weigert, Studierende und „Hippies" zu bedienen.

20.9. Krawalle und Sprechchöre wie „Strauß ist ein Faschist" beim Besuch des Bundesfinanzministers Franz-Josef Strauß auf der Buchmesse

22.9. Léopold Sédar Senghor, Staatspräsident der Republik Senegal, Politiker und Dichter, erhält den Friedenspreis des deutschen Buchhandels, vor der Paulskirche kommt es zu schweren Zusammenstößen zwischen 1.500 Demonstrant*innen und Polizei; Festnahme von Daniel Cohn-Bendit wegen Versuchs der Stürmung der Paulskirche; weitere Proteste gibt es auf der Buchmesse mit zeitweiliger Schließung von Hallen und Eingängen

24.9. Unterrichtsbeginn in der Grundschule „Im Uhrig" (erste in Fertigbauweise errichtete Grundschule)

Landgerichtspräsident Rudolf Wassermann diskutiert mit SDS-Mitglied Karl-Dietrich Wolff über den Prozess gegen Teilnehmer*innen an den Osterdemonstrationen

26.9. Mittelgrünzone der Nordweststadt erhält den Namen „Martin-Luther-King-Park"

27.9. Historisches Museum eröffnet seine Ausstellungsräume im Rothschildpalais (Untermainkai)

Urteil im Schnellverfahren gegen Daniel Cohn-Bendit: acht Monate Gefängnis auf Bewährung wegen Landfriedensbruchs, schweren Hausfriedensbruchs, Aufruhrs und Beamtennötigung

28.9. Gesamtschule in der Nordweststadt erhält den Namen „Ernst-Reuter-Schule"

1.10. Institut für deutsche Volkskunde übernimmt die Bearbeitung des Frankfurter Wörterbuches

2.10. Einweihung des 19-geschossigen Holzmann-Hochhauses (Taunusstraße)

3.10. (bis 6.10.) TAT wird als einziges deutschsprachiges Ensemble zur Biennale in Venedig eingeladen, dort ein Gastspiel mit Peter Handkes „Kaspar"

4.10. Eröffnung der ersten Frankfurter U-Bahn-Strecke Hauptwache-Nordweststadtzentrum

Übergabe des neugestalteten Platzes „An der Hauptwache" mit der wiederaufgebauten historischen Hauptwache

Eröffnung des Nordweststadt-Geschäftszentrums mit Bürgergemeinschaftshaus, Hallenbad, Volks- und Jugendbücherei, Kindergarten, Feuerwache, Polizeirevier

Vertrag der Stadt FFM mit der Deutschen Bundesbahn über den Bau der die Innenstadt unterquerenden S-Bahn und deren Anschluss an das städtische U-Bahn-Netz

Demonstration mit 150 Teilnehmer*innen in Solidarität mit revoltierenden mexikanischen Studierenden (Innenstadt zum mexikanischen Verkehrsbüro, Münchener Straße)

5.10. Aktionsgemeinschaft Opernhaus beginnt mit den Erhaltungsarbeiten an der Opernhausruine

7.10. Eröffnung des neuen Hallenschwimmbads in der Nordweststadt

8.10. Als Konsequenz der gewalttätigen Demonstrationen erhält die Frankfurter Polizei 1.800 Schutzhelme aus Plastik mit Gesichtsschild und Nackenschutz

12.10. Eine nicht angemeldete Demonstration gegen die Militärdiktatur in Griechenland endet in Krawallen zwischen Polizei und linksgerichteten Studierenden

14.10. Beginn des „Kaufhausbrandstifter"-Prozesses gegen Gudrun Ensslin, Andreas Baader, Thorwald Proll und Horst Söhnlein

18.10. 200 APO-Mitglieder vereiteln eine NPD-Wahlversammlung im Cantate-Saal

20.10. Ergebnis der Kommunalwahlen: SPD 49,5 %, CDU 29,9 %, FDP 11,2 %, NPD 5,8 %, SDO 2,0 %, BHE 0,8 %, PSV 0,8 %

30.10. Urteil im Prozess der Anti-Springer-Demonstrationen am Ostermontag: Freisprüche für beide Angeklagten

31.10. Urteil im „Kaufhausbrandstifter"-Prozess: je drei Jahre Zuchthaus für alle Angeklagten, nach der Urteilsverkündung schwere Tumulte und Räumung des Sitzungssaals

Theaterprogramme des Schauspielhauses aus den 1960er Jahren

Eröffnung des Gemeinschaftswarenhauses „City-Center" (Biebergasse)

4.11. Einführung von zusätzlichen Plastiksäcken bei der Müllabfuhr

5.11. Proteste am Freiherr-vom-Stein-Gymnasium gegen Lernumstände: bei der Übergabe des dritten Schulpavillons bewerfen Schüler*innen die Baracke mit Eiern und Joghurtbechern

12.11. Vertreterinnen der Frauenbewegung besetzen bei einer Veranstaltung anlässlich des 50-jährigen Jubiläums des Frauenwahlrechts mit der Forderung nach mehr Gleichberechtigung das Rednerpult (Paulskirche)

14.11. Anhänger*innen der „Demokratischen Aktion Hessen" protestieren gegen den Einzug der NPD in die Stadtverordnetenversammlung (Römerberg)

15.11. Beginn des Schadensersatzprozesses der Societäts-Druckerei gegen SDS (Streitsumme: 71.540,59 DM)

19.11. Proteste gegen das Todesurteil eines griechischen Militärgerichts gegen Alexander Panagoulis (300 Teilnehmer*innen, griechisches Generalkonsulat)

4.12. Streik für bessere Studienbedingungen und Lehrveranstaltungsboykotte an der Abteilung für Erziehungswissenschaft (Goethe-Universität)

9.12. Besetzung des Instituts für Sozialforschung (Myliusstraße)

Spendenschecks für die Ostermarschbewegung, 1968/69

18.12. Einweihung des Caritas-Altenzentrums Hausen

Richtfest für das 14-geschossige Nestlé-Verwaltungsgebäude (Niederrad)

Räumung des Instituts für Sozialforschung durch die Polizei

19.12. Teach-in mit 1.000 Studierenden beschließt Fortsetzung des Universitätsstreiks nach der Weihnachtspause (Mensa, Goethe-Universität)

20.12. Urteil im zweiten Frankfurter Euthanasieprozess: acht Jahre für Dietrich Allers und zehn Jahre für Reinhold Vorberg

21.12. Tombola für den Wiederaufbau des Opernhauses schließt nach dem Verkauf von 640.000 Losen mit einem Gewinn von 250.000 DM

1969

7.1. Brandanschlag auf das Amerikahaus (Reuterweg)

15.1. Vollversammlung der Abteilung für Erziehungswissenschaft spricht sich mehrheitlich gegen die Fortsetzung des Universitätsstreiks aus

17.1. Jimi Hendrix spielt zwei Konzerte (Jahrhunderthalle)

20.1. Spatenstich im Hauptbahnhof für den ersten Bauabschnitt der S-Bahn

24.1. Urteil im Senghor-Prozess: Daniel Cohn-Bendit erhält im Berufungsverfahren sechs Monate Gefängnis auf Bewährung

26.1. Demonstration von 150 Spanier*innen am Opernplatz gegen die Einschränkung der Pressefreiheit und Schließung der Universitäten in Spanien und

Sachbeschädigungen bei spanischen Banken und Reisebüros

27.1. Richtfest für 16-geschossiges Hochhaus am Hainer Weg 15, Sachsenhausens höchstes Büro- und Wohnhaus

Proteste iranischer Studierender gegen das Schah-Regime und Proteste gegen die Situation in Spanien

30.1. Übergabe des 13-geschossigen Neubaus des Landesarbeitsamtes (Feuerbachstraße)

Ausschreitungen und Sachbeschädigungen im Anschluss an das Konzert der Berliner Philharmoniker mit Herbert von Karajan im Großen Haus der Städtischen Bühnen, der Protest richtet sich gegen das US-amerikanische und spanische Generalkonsulat sowie das Amerikahaus

31.1. Festnahme von 76 Studierenden, die in das Institut für Sozialforschung eingedrungen sind, und Anzeige gegen Studierende, Hans-Jürgen Krahl kommt bis 6.2. in Untersuchungshaft

1.2. Proteste von 1.000 Studierenden und spanischen Gastarbeiter*innen gegen das Franco-Regime

100 Jugendliche versuchen ins „Café Kranzler" einzudringen, 11 Festnahmen

4.2. Im Anschluss an das Teach-in verbrennen Studierende vor dem Universitätsgebäude Schriftstücke von Universitätsjustitiar Hartmut Riehn und sprühen Parolen zur Freilassung Hans-Jürgen Krahls an die Universitätswände

5.2. Zwischenfälle beim Gerichtsverfahren gegen Hans-Jürgen Krahl und Handgemenge mit der Polizei auf der Zeil

10.2. Durchsuchung der Büroräume des SDS (Wilhelm-Hauff-Straße 5)

10.2. (bis 12.2.) Wahlen zum Studentenparlament: ADS 41 %, SDS 20 % der Stimmen

13.2. Proteste von 500 Grund- und Realschullehrer*innen gegen hessische Bildungspolitik und Sperrvorschriften für die Lehrerbesoldung (Hof der Liebfrauenschule)

14.2. 60 junge Mütter und Väter demonstrieren mit ihren Kindern im Schulamt für „antiautoritäre Kindergärten"

20.2. Bundesgerichtshof weist Revision gegen die Urteile im Frankfurter Auschwitz-Prozess zurück

25.2. Polizei beendet Schülerproteste am Heinrich-von-Gagern-Gymnasium nach Verweis gegen zwei Schüler*innen, die Flugblätter gegen das Lehrerkollegium verteilten

1.3. Beginn der U-Bahn-Bauarbeiten am Dom-Römer-Bereich

6.3. Wiedereröffnung des „Café Hauptwache"

8.3. Gründung der Otto-Hahn-Stiftung zur Förderung von jungen Wissenschaftler*innen

11.3. Sprengstoffanschlag der „Befreiungsfront für Eritrea" auf ein äthiopisches Flugzeug am Rhein-Main-Flughafen mit acht schwerverletzten Putzfrauen

22.3. Anhebung des Eisernen Stegs um 35 cm

30.3. Abschlusskundgebung der „Kampagne für Demokratie und Abrüstung" (Römerberg), im Anschluss zertrümmern 40 Personen Fensterscheiben im Stadtgebiet und beschädigen Autos, die Ostermarschkampagne distanziert sich von den Vorfällen, was zum Bruch zwischen SDS und pazifistischer Bewegung führt

6.4. Eröffnung des Jugendlokals „Number One" mit der Beat-Band „The Lords" (Große Friedberger Straße)

17.4. Gründung der „Aktionsgemeinschaft Westend e. V."

19.4. 100. Sendung des „Blauen Bocks" im HR

20.4. Schweigemarsch des „Aktionskomitees für die Beseitigung der Diktatur in Griechenland" (vom Opernplatz zum Cantate-Saal)

22.4. „Busenattentat" auf Theodor W. Adorno und Sprengung seiner Vorlesung

24.4. Stadtverordnete beschließen die Erweiterung des

Saalhofkomplexes für Zwecke des Historischen Museums, den Bau des Technischen Rathauses östlich des Steinernen Hauses und den Wiederaufbau des Leinwandhauses als Jugendgaststätte

28.4. (bis 29.4.) Krawalle und Universitätsbesetzung infolge der abgelehnten Immatrikulation des von der Ausweisung bedrohten persischen Studenten Ahmad Taheri

1.5. Eröffnung des Höchster Silobads (einziges wassergeheiztes Freibad Frankfurts)

8.5. Proteste gegen eine NDP-Versammlung in Bornheim, Schlägereien zwischen Ordnern und NPD-Gegner*innen

10.5. Demonstration von 150 Frauen und Kindern gegen die Inhaftierung von 137 Frauen und Müttern in griechischen Lagern

13.5. Proteste am Wöhler-Realgymnasium mit Besetzung des Schulgebäudes

25.5. Einweihung der Dietrich-Bonhoeffer-Kirche (Nordweststadt)

29.5. (bis 7.6.) „Experimenta III"

2.6. SDS-Demonstrationen zum Battelle-Institut (Am Römerhof) mit einer Straßenblockade, 250 Teilnehmer*innen fordern das Ende der Kriegsforschung

3.6. Festnahme von 39 Studierenden, die zwei Assistentenräume des Seminars für wirtschaftliche Staatswissenschaften besetzten

4.6. Verband Deutscher Studentenschaften (VDS) verlegt den Sitz des Vorstandes von Bonn nach FFM

9.6. (bis 12.6.) Diskussionswoche unter dem Motto „Frieden in Nahost", veranstaltet vom „Bundesverband Jüdischer Studenten in Deutschland" in der Goethe-Universität

12.6. Nach erneuten Störungen seiner Vorlesungen lässt Prof. Theodor W. Adorno seine Lehrveranstaltungen im Sommer ausfallen

13.6. Oberlandesgericht FFM beschließt Freilassung der vier „Kaufhausbrandstifter"

21.6. Eröffnung des 7 ha großen Waldspielparks Fechenheim

24.6. SDS-Mitglieder besetzen das Germanistische Seminar, 48 Festnahmen

27.6. SDS-Mitglieder besetzen erneut das Germanistische Seminar

2.7. Richtfest für den Neubau der Deutschen Bundesbank auf der Ginnheimer Höhe

6.7. Einweihung der Festeburgkirche (Preungesheim)

10.7. Stadtverordnete beschließen Zehn-Jahres-Plan für U- und S-Bahn-Bau: „Gesamtverkehrsplanung Schiene"

21.7. Viele Frankfurter*innen fiebern bei der Mondlandung mit

25.7. Proteste und Schlägereien bei einer NPD-Wahlversammlung im Cantate-Saal

Schöffengericht verurteilt Hans-Jürgen Krahl zu drei Monaten Gefängnis mit zweijähriger Bewährungszeit wegen Hausfriedensbruchs an der Goethe-Universität in zwei Fällen

29.7. Nach den Prügeleien bei NPD-Versammlung am 25.7. kündigt die Saalbau GmbH fristlos sämtliche Verträge mit der NPD für vier künftige Veranstaltungen

4.8. Deutscher Sportbund erhält für seine Zentralverwaltung 4.000 m^2 großes Gelände am Rande des Stadtwaldes im Erbbaurecht

15.8. Einweihung und Übergabe der Privilegienkammer des Stadtarchivs (Institut für Stadtgeschichte) im Karmeliterkloster

20.8. Beginn des dritten Euthanasieprozesses gegen drei Angeklagte

21.8. Inkrafttreten eines neuen Anflugverfahrens für weniger Fluglärmbelästigung im Rhein-Main-Gebiet

29.8. Urteil im Krumey-Hunsche-Prozess: lebenslang für Hermann Krumey und 12 Jahre für Otto Hunsche

31.8. FFM zählt 666.306 Einwohner

DGB-Gewerkschaftsjugendkundgebung mit 1.000 Teilnehmer*innen „Gegen Krieg und Faschismus" (vor der Katharinenkirche)

1.9. Einführung des Römer-Telefons als zentrale Auskunft

11.9. (bis 21.9.) 44. Internationale Automobil-Ausstellung mit 900.000 Besucher*innen

12.9. SDS- und AStA-Demonstration gegen Missstände in hessischen Erziehungsheimen (Opernplatz)

19.9. „Aki" im Hauptbahnhof stellt Kinoprogramm von Aktualitäten auf Spielfilme um

21.9. HR strahlt fortan täglich ein komplettes drittes Fernsehprogramm aus

28.9. Ergebnisse der Bundestagswahlen für FFM: SPD 49,4 %, CDU 35,1 %, FDP 8,7 %, NPD 5,2 %, ADF 0,9 %, EP 0,4 % und BHE 0,2 %

3.10. Ludwig von Friedeburg, Direktor des Instituts für Sozialforschung, übernimmt das Amt des Hessischen Kultusministers

16.10. Beginn des „Senghor-Prozesses" gegen Günter Amendt, Hans-Jürgen Krahl und Karl-Dietrich Wolff

1.11. 300 Griech*innen protestieren gegen die griechische Militärdiktatur (Bürgergemeinschaftshaus Gallus)

3.11. Einführung der elektronischen Datenverarbeitung an der Börse FFM

12.11. APO-Besetzung des italienischen Generalkonsulats

15.11. Kundgebung mit 2.000 Teilnehmer*innen gegen den Vietnamkrieg (Römerberg)

28.11. Beginn des Schildvortriebs beim U-Bahn-Bau der B-Linie

30.11. Demonstration und Kundgebung spanischer Gastarbeiter*innen gegen das Franco-Regime

1.12. Magistrat beschließt einen ersten Stufenplan für die Neubebauung des Dom-Römer-Bereichs (80 Millionen DM)

9.12. Einweihung der Synagoge im Henry- und Emma-Budge-Heim

12.12. 100 Mitglieder der Neuen Griechischen Gemeinde demonstrieren gegen die Militärdiktatur in Griechenland (Opernplatz)

13.12. Demonstrationen gegen den Vietnamkrieg vor dem Amerikahaus, Justizgebäude und auf der Kaiserstraße mit Zusammenstößen zwischen Demonstrant*innen und Polizei

22.12. Magistrat verabschiedet den Bau des Schulgebäudes des Freiherr-vom-Stein-Gymnasiums (10 Millionen DM)

QUELLEN- UND LITERATURVERZEICHNIS

Das vorliegende Verzeichnis führt das verwendete Archivgut und mehrmals genannte Kurztitel von Literatur auf. Einmalige Belege aus Zeitungen und Webseiten sind direkt in den Anmerkungen zitiert und wurden nicht in dieses Verzeichnis übernommen. Das Archivgut ist mit den jeweiligen Signaturen zur leichteren Auffindbarkeit in Anmerkungen und nachfolgend gelistet.

Institut für Stadtgeschichte Frankfurt am Main (ISG FFM)

Bestand Bibliothek (ISG FFM Bib)

4° KS 619a, o.A.: Kurze Beschreibung der Nordweststadt in Frankfurt am Main, Frankfurt am Main [1968].

FG 2019: Magistrat der Stadt Frankfurt am Main: Auf dem Wege nach Europa. Die Partnerschaft der Städte Birmingham Frankfurt Lyon, Frankfurt am Main [1966].

G3 2007/25: o.A.: Präsident Kennedy in Deutschland [Berliner Illustrierte], Berlin 1963.

Hdl 634: Presse- und Informationsamt: Die Frankfurter U-Bahn. Planung Bau Betrieb, Frankfurt am Main 1968.

KS 143: Presse- und Informationsamt der Stadt Frankfurt am Main: Kennedy in Frankfurt. Eine Dokumentation in Wort und Bild über den Besuch des US-Präsidenten John F. Kennedy in Frankfurt am Main, Frankfurt am Main [1963].

KS 871: Heym, Heinrich: o.T., in: Baubeginn „Konzerthaus Alte Oper". 5. Oktober 1968, Frankfurt am Main 1968, o.S.

KS 960: Dezernat Tiefbau/Stadtbauamt: 12 Jahre U-Bahnbau, Frankfurt am Main 1974.

KS 1687: [Broschüre] o.A.: Der Henninger-Turm in Frankfurt am Main, Frankfurt am Main [1960].

KS 2009/403: [Flyer] o.A.: Ein neues Wahrzeichen von Frankfurt. Der Henninger-Turm, [Hanau-Steinheim 1961].

KS 2010/323: [Flyer] o.A.: In Frankfurt unterwegs, Frankfurt am Main 1969.

KS 2010/326: [Flyer] Stadtwerke Frankfurt am Main: Wir fahren mit der U-Bahn, Frankfurt am Main 1969.

KS 2011/261: Presse- und Informationsamt: Frankfurter Stadtschnellbahn: U-Bahnhöfe, Frankfurt am Main 1967.

KS 2011/262: [Flyer] Presse und Informationsamt/Dezernat Verkehr: Unsere U-Bahn, Frankfurt am Main 1966.

KS 2011/271: [Flyer] SPD-Unterbezirk Frankfurt am Main (Hg.): Was ist wo in der Nordweststadt, Frankfurt am Main 1965.

KS 2017/303: [Sonderdruck] Saßmannshausen, Norbert: Das Frankfurter Benno-Ohnesorg-Denkmal von Eberhard Fiebig und wie es scheiterte, Frankfurt am Main 2017.

KS 2018/82: Stadt Frankfurt am Main/Hauptamt und Stadtmarketing: Revolte am Main. Frankfurter Stadtgeschichte live erleben, Frankfurt am Main 2018.

KS 3762, o.A.: Präsident Kennedy in Frankfurt am Main. Ein Bildbericht, Kriftel 1963.

Ort 190/2: Stadt Frankfurt am Main (Hg.): Dom-Römerberg-Bereich. Wettbewerb 1980, Braunschweig 1980.

SD2/190 1968: Kommission zur Abwehr des Fluglärms. Tätigkeitsbericht, Frankfurt am Main 1968.

Zs 503: TAT (Theater am Turm), Spielpläne 1956–1970.

Sammlung Personengeschichte

S2/6.594: Heintje.
S2/6.695: Jürgens, Udo.
S2/7.252: Clay, Cassius.
S2/8.211: Baez, Joan.
S2/9.750: Hary, Armin.

Sammlung Ortsgeschichte

S3/R 1.058: Andreae-Noris Zahn AG.

S3/R 1.726: Neckermann Versand AG.
S3/R 1.954: Telenorma GmbH.
S3/T 3.905: Radsport: Rund um den Henninger Turm.
S3/T 3.912: Radsport: Sechstagerennen.
S3/T 5.758: IAA 1965.
S3/A 6.741: Großkundgebung der Kampagne für Abrüstung 12.2.1967.
S3/S 7.257: Flughafen: Fluglärm.
S3/A 7.315: Notstandsgesetze.
S3/P 8.174 Kampagne für Demokratie und Abrüstung – Ostermarsch.
S3/T 8.935: Radsport: Rund um Frankfurt
S3/T 19.100: Ostermarsch.
S3/P 26.212: Ostermarsch.
S3/M 26.283: Universität: Student 1960–1979.
S3/T 29.229: Boxweltmeisterschaft im Schwergewicht zwischen Cassius Clay und Karl Mildenberger.

Sonstige

Fürsorgeamt 545.
Verein Schullandheim der Bettinaschule V138/9.
Verein Schullandheim der Bettinaschule V138/10.
Wolf, Siegbert: Frankfurter Stadtchronik, URL: https://www.stadtgeschichte-ffm.de/de/info-und-service/frankfurter-geschichte/stadtchronik [zuletzt eingesehen am 22.11.2019].

Literatur

Balser, Frolinde: Frankfurt am Main in der Nachkriegszeit und bis 1989, in: Frankfurt am Main. Die Geschichte der Stadt in neun Beiträgen, hg. v. Frankfurter Historische Kommission (= Veröffentlichungen der Frankfurter Historischen Kommission 17), Sigmaringen 1991, S. 521–578.

Bear Family Records (Hg.): Beat in Germany. Smash …! Boom …! Bang …! The 60s Anthology. Die Frankfurt Szene [Begleitheft zur CD], Hambergen 2002.

Bohse, Ewald: Bauen und Vertrauen, in: Stadtbad Mitte Frankfurt am Main, Frankfurt am Main 1960, S. 15–19.

Boss, Winfried / Volk, Karl Ewald: Wege unterm Pflaster. U-Bahnbau in Frankfurt am Main 1963–68, hg. v. Magistrat der Stadt Frankfurt am Main, Frankfurt am Main 2008.

Brink, Cornelia: „Auschwitz in der Paulskirche". Erinnerungspolitik in Fotoausstellungen der sechziger Jahre, Marburg 2000.

Burgard, Roland: Frankfurts Hochhäuser, Kampffmeyer und die Folgen, in: Hans Kampffmeyer. Planungsdezernent in Frankfurt am Main 1956–1976, Frankfurt am Main/New York 2000, S. 139–175.

Buro, Andreas: Friedensbewegung, in: Die sozialen Bewegungen in Deutschland seit 1945. Ein Handbuch, hg. v. Roland Roth/Dieter Rucht, Frankfurt am Main/New York 2008, S. 267–291.

Conrads, Bernd / Folz, Dana: Die Frankfurter U-Bahn 1968–2008, hg. v. Verkehrsgesellschaft Frankfurt am Main, Frankfurt am Main 2008.

Demm, Sabine: Die Studentenbewegung von 1968 in Frankfurt am Main – Eine Chronologie, in: AFGK 67 (2001), S. 161–247.

Frei, Norbert: 1968. Jugendrevolte und globaler Protest, Bonn 2008.

Frese, Matthias / Paulus, Julia: Geschwindigkeiten und Faktoren des Wandels – die 1960er Jahre in der Bundesrepublik, in: Demokratisierung und gesellschaftlicher Aufbruch. Die sechziger Jahre als Wendezeit der Bundesrepublik, hg. v. Matthias Frese, Julia Paulus und Karl Treppe (= Forschungen zur Regionalgeschichte 44), Paderborn u.a. 2005, S. 1–23.

Freunde Frankfurts e.V. / Wilhelm E. Opatz (Hgg.): Frankfurt 1960–1969, Zürich 2016

Gerchow, Jan: Die 68er – ins Museum, in: Die 68er. Kurzer Sommer – lange Wirkung, hg. v. Andreas Schwab / Beate Schappach / Manuel Gogos (= Schriften des Historischen Museums Frankfurt am Main 27), Essen 2008, S. 8–15.

Gilcher-Holtey, Ingrid: Die 68er Bewegung. Deutschland – Westeuropa – USA, München 2005.

Gleiniger, Andrea: Die Frankfurter Nordweststadt. Geschichte einer Großsiedlung, Frankfurt am Main/New York 1995.

Göpfert, Claus Jürgen / Messinger, Bernd: Das Jahr der Revolte. Frankfurt 1968, Frankfurt am Main 2017.

Grob, Norbert: Das Geheimnis der toten Augen. 13 Aspekte zum deutschen Kriminalfilm der sechziger Jahre, in: Abschied vom Gestern. Bundesdeutscher Film der sechziger und siebziger Jahre, hg. v. Deutsches Filmmuseum Frankfurt am Main, Frankfurt am Main 1991, S. 72–97.

Heinisch, Jörg: Das Jahrhundertspiel. Eintracht Frankfurt und Real Madrid im Europapokal der Meister 1960, Kassel 2004.

Henscheid, Eckhard: Frankfurts magisches Dreieck, in: Die Neue Frankfurter Schule. 25 Jahre Scherz, Satire und schiefere Bedeutung aus Frankfurt am Main, hg. v. W P Fahrenberg/Armin Klein, Göttingen 1987, S. 16–17.

Hesse, Jan-Otmar: Gastarbeit, Einwanderung und politisches Asyl – Epochen der Zuwanderung nach Frankfurt, in: „Dem Flor der hiesigen Handlung". 200 Jahre Industrie- und Handelskammer Frankfurt am Main, hg. v. Werner Plumpe / Dieter Rebentisch, Frankfurt am Main 2008, S. 332–337.

Hessisches Hauptstaatsarchiv Wiesbaden [Bearbeiter: Albina Mayer-Hungershausen/Johann Zilien]: John F. Kennedy in Hessen 1963/2013, Wiesbaden 2013.

Heym, Heinrich: Frankfurt und sein Theater, Frankfurt am Main 1963.

Hickethier, Knut: Die Zugewinngemeinschaft. Zum Verhältnis von Film und Fernsehen in den sechziger und siebziger Jahren, in: Abschied vom Gestern. Bundesdeutscher Film der sechziger und siebziger Jahre, hg. v. Deutsches Filmmuseum Frankfurt am Main, Frankfurt am Main 1991, S. 190–209.

Hock, Sabine: Der Star oder Die Hesselbachs und Wolf Schmidt, in: Die Hesselbachs. Geschichte einer Funk- und Fernsehfamilie. Eine Dokumentation, Frankfurt am Main 1991, S. 9–22.

Juchler, Ingo: 1968 in Deutschland. Schauplätze der Revolte, Berlin-Brandenburg 2018.

Kampffmeyer, Hans: Die Nordweststadt in Frankfurt am Main (= Wege zur neuen Stadt 6), Frankfurt am Main 1968.

Kampffmeyer, Hans / Weiss, Erhard: Dom-Römerberg-Bereich. Das Wettbewerbsergebnis. Eine Dokumentation (= Wege zur neuen Stadt 1), Frankfurt am Main 1964.

Kampffmeyer, Hans / Weiss, Erhard: Von der Idee zur Wirklichkeit. Die Nordweststadt – das größte Frankfurter Wohnbauprojekt, in: Frankfurt. Lebendige Stadt 9 (1964, H. 4), S. 20–31.

Kampffmeyer, Thomas: Biographie Hans Kampffmeyer (1912 bis 1996), in: Hans Kampffmeyer. Planungsdezernent in Frankfurt am Main 1956–1976, Frankfurt am Main/New York 2000, S. 223–259.

Karpf, Ernst: Die „Gastarbeiter"-Zeit in Frankfurt am Main (1960–1975), in: Drago Trumbetaš: Gastarbeiter in Frankfurt, hg. v. Anglea Jannelli (= Schriften des historischen museums frankfurt 33), Frankfurt am Main 2013, S. 30–37.

Karpf, Ernst: Eine Stadt und ihre Einwanderer. 700 Jahre Migrationsgeschichte in Frankfurt am Main, Frankfurt am Main 2013.

Korte, Hermann: Lob der sechziger Jahre – Ein Essay, in: Als der Himmel blau wurde. Bilder aus den 60er Jahren, hg. v. Sigrid Schneider, Bottrop/Essen 1998, S. 192–200.

Krobbach, Heinrich: Die Zerreißprobe der SPD, in: Walter Keber / Wilma Frühwacht-Treber / Dirk Treber (Hgg.): Zeitdokument 1965–2015. 50 Jahre Protest gegen den Ausbau des Frankfurter Flughafens. Bd. 1, Frankfurt am Main 2015, S. 87–92.

Kumpfe, Astrid / Seib, Adrian / Wurm, Fabian: Jahrhunderthalle, in: Frankfurt 1960–1969, hg. v. Freunde Frankfurts e.V. / Wilhelm E. Opatz, Zürich 2016, S. 56–61.

Kumpfe, Astrid / Seib, Adrian / Wurm, Fabian: Neckermann Versandhaus, in: Frankfurt 1960–1969, hg. v. Freun-

Kurzlechner, Werner: „1968" in Frankfurt, in: „Dem Flor der hiesigen Handlung". 200 Jahre Industrie- und Handelskammer Frankfurt am Main, hg. v. Werner Plumpe / Dieter Rebentisch, Frankfurt am Main 2008, S. 322–331.

Lehmann, Hans-Thies / Primavesi, Patrick: Das TAT. Vom hessischen Wandertheater zu einem Zentrum der internationalen Avantgarde, in: Das TAT. Das legendäre Frankfurter Theaterlabor, hg. v. Sabine Bayerl u.a., Frankfurt am Main 2016, S. 12–43.

Liermann, Karl: Vom Reißbrett zur Baustelle, in: Stadtbad Mitte Frankfurt am Main, Frankfurt am Main 1960, S. 25–28.

Meixner, Claudia / Schlüter, Florian: Henninger Turm, in: Frankfurt 1960–1969, hg. v. Freunde Frankfurts e.V. / Wilhelm E. Opatz, Zürich 2016, S. 188–189.

Michels, Claudia: Da fliegen die Eier, in: Die 60er Jahre in Frankfurt / Frankfurter Rundschau Geschichte H. 3/ Jg. 2 (2012), S. 84–87.

Mick, Günter: Traditionalisten gegen Modernisten. Gestaltungsmächte des Wiederaufbaus, in: Die Neue Altstadt in Frankfurt am Main. Bd. 1: Die Entstehung, hg. v. Matthias Alexander, Frankfurt am Main 2018, S. 47–66.

Müller-Raemisch, Hans-Reiner: Frankfurt am Main. Stadtentwicklung und Planungsgeschichte seit 1945, Frankfurt am Main/New York 1996

Nagel, Frank / Mutzbauer, Monika / Arning, Matthias: Mobilität für Frankfurt. 50 Jahre moderner Nahverkehr, Frankfurt am Main 2018.

Narr, Wolf Dieter: Der CDU-Staat (1949–1966), in: Die sozialen Bewegungen in Deutschland seit 1945. Ein Handbuch, hg. v. Roland Roth/Dieter Rucht, Frankfurt am Main/New York 2008, S. 51–70.

Niehuss, Merith: Einführung [Erwerbs-, Familien-, Hausarbeit – Geschlechterrollen im Wandel], in: Demokratisierung und gesellschaftlicher Aufbruch. Die sechziger Jahre als Wendezeit der Bundesrepublik, hg. v. Matthias Frese, Julia Paulus und Karl Treppe (= Forschungen zur Regionalgeschichte 44), Paderborn u.a. 2005, S. 27–37.

Nordmeyer, Helmut: Die Zeil. Bilder einer Straße. Teil II: Von der Jahrhundertwende bis zur Gegenwart, Frankfurt am Main 1997.

Nordmeyer, Helmut: Frankfurt am Main. Die sechziger Jahre [Ausstellung vom 30. September 2003 bis 29. Februar 2004 im Institut für Stadtgeschichte Frankfurt am Main], Frankfurt am Main 2003.

Nordmeyer, Helmut: Mehr als Musik. 125 Jahre Alte Oper: 1880–2005, Frankfurt am Main 2005.

Nordmeyer, Helmut / Picard, Tobias: Zwischen Dom und Römerberg. Die Frankfurter Altstadt gestern, heute, morgen, Frankfurt am Main 2006.

o.A.: Gesamtverkehrsplanung und Stadtbahn. Frankfurt am Main ordnet den Verkehr, in: Frankfurt. Lebendige Stadt 8 (1963, H. 1), S. 34–42.

Oloew, Matthias: Schwimmbäder. 200 Jahre Architekturgeschichte des öffentlichen Bades (= Forschungen zur Nachkriegsmoderne des Fachgebietes Kunstgeschichte am Institut für Kunstwissenschaft und Historische Urbanistik der Technischen Universität Berlin), Berlin 2019.

Pendas, Devin O.: Der 1. Frankfurter Auschwitzprozess 1963–1965. Eine historische Einführung, in: Der Frankfurter Auschwitz-Prozess (1963–1965). Kommentierte Quellenedition, hg. v. Raphael Gross / Werner Renz (= Wissenschaftliche Reihe des Fritz Bauer Instituts 22/1), Frankfurt am Main/New York 2013, S. 55–85.

Preisendörfer, Norbert: 20 Jahre »Rund um den Henninger Turm« 1962 bis 1982, hg. v. Henninger-Bräu AG, [Frankfurt am Main 1982].

Rau, Fritz: 50 Jahre Backstage. Erinnerungen eines Konzertveranstalters, Heidelberg 2005.

Rodenstein, Marianne: Die Hochhausentwicklung in Frankfurt am Main nach dem Zweiten Weltkrieg, in: Hochhausstadt Frankfurt. Bauten und Visionen seit 1945, hg. v. Philipp Sturm / Peter Cachola Schmal, München 2014, S. 22–35.

Rucht, Dieter / Roth, Roland: Soziale Bewegungen und Protest – eine theoretische und eine empirische Bilanz, in: Die sozialen Bewegungen in Deutschland seit 1945. Ein Handbuch, hg. v. Roland Roth/Dieter Rucht, Frankfurt am Main/New York 2008, S. 635–668.

Schappach, Beate: Mein Bauch gehört mir, in: Die 68er. Kurzer Sommer – lange Wirkung, hg. v. Andreas Schwab / Beate Schappach / Manuel Gogos (= Schriften des Historischen Museums Frankfurt am Main 27), Essen 2008, S. 86–87.

Schildt, Axel: Einführung [Lebensstile im Wandel], in: Demokratisierung und gesellschaftlicher Aufbruch. Die sechziger Jahre als Wendezeit der Bundesrepublik, hg. v. Matthias Frese, Julia Paulus und Karl Treppe (= Forschungen zur Regionalgeschichte 44), Paderborn u.a. 2005, S. 577–586.

Schildt, Axel: Rebellion und Reform. Die Bundesrepublik der sechziger Jahre, Bonn 2005.

Schulz, Kristina: Studentische Bewegungen und Protestkampagnen, in: Die sozialen Bewegungen in Deutschland seit 1945. Ein Handbuch, hg. v. Roland Roth/Dieter Rucht, Frankfurt am Main/New York 2008, S. 417–446.

Schwab, Andreas: Das Private ist politisch, in: Die 68er. Kurzer Sommer – lange Wirkung, hg. v. Andreas Schwab / Beate Schappach / Manuel Gogos (= Schriften des Historischen Museums Frankfurt am Main 27), Essen 2008, S. 60–61.

Schwab, Andreas: Die Phantasie an die Macht, in: Die 68er. Kurzer Sommer – lange Wirkung, hg. v. Andreas Schwab / Beate Schappach / Manuel Gogos (= Schriften des Historischen Museums Frankfurt am Main 27), Essen 2008, S. 212–213.

Schwab, Andreas: Unter den Talaren Muff von 1.000 Jahren, in: Die 68er. Kurzer Sommer – lange Wirkung, hg. v. Andreas Schwab / Beate Schappach / Manuel Gogos (= Schriften des Historischen Museums Frankfurt am Main 27), Essen 2008, S. 36–37.

Schwagenscheidt, Walter: Die Nordweststadt. Idee und Gestaltung, Stuttgart 1964.

Teske, Knut: Läufer des Jahrhunderts. Die atemberaubende Karriere des Armin Hary, Göttingen 2007.

Treber, Dirk: IGF seit 50 Jahren aktiv, in: Walter Keber / Wilma Frühwacht-Treber / Dirk Treber (Hgg.): Zeitdokument 1965–2015. 50 Jahre Protest gegen den Ausbau des Frankfurter Flughafens. Bd. 1, Frankfurt am Main 2015, S. 11–18.

Treber, Dirk: Zeittafel. Chronik der Bürgerbewegung von 1965 bis 2015, in: Walter Keber / Wilma Frühwacht-Treber / Dirk Treber (Hgg.): Zeitdokument 1965–2015. 50 Jahre Protest gegen den Ausbau des Frankfurter Flughafens. Bd. 1, Frankfurt am Main 2015, S. 148–163.

Walter-Busch, Emil: Geschichte der Frankfurter Schule. Kritische Theorie und Politik, München 2010.

Weidlich, Sven: Auf dem langen Weg zurück in die Normalität. Wohnungsnot und sozialer Wohnungsbau in Frankfurt am Main während der Amtszeit von Oberbürgermeister Werner Bockelmann 1957–1964, in: AFGK 67 (2001), S. 125–159.

Wojak, Irmtrud: »Die Mauer des Schweigens durchbrochen«. Der erste Frankfurter Auschwitz-Prozess 1963–1965, in: »Gerichtstag halten über uns selbst…«. Geschichte und Wirkung des ersten Frankfurter Auschwitz-Prozesses, hg. v. Fritz Bauer Institut (= Jahrbuch 2001 zur Geschichte und Wirkung des Holocaust), Frankfurt am Main/New York 2001, S. 21–42.

Wolfrum, Edgar: Die geglückte Demokratie. Geschichte der Bundesrepublik Deutschland von ihren Anfängen bis zur Gegenwart [Ausgabe für die Bundeszentrale für politische Bildung/Schriftenreihe 641], Bonn 2007.

Wurm, Fabian: Universitätsbibliothek, in: Frankfurt 1960–1969, hg. v. Freunde Frankfurts e.V. / Wilhelm E. Opatz, Zürich 2016, S. 74–81.

BILDNACHWEIS

Umschlag vorne: ISG FFM, S7Z Nr. 1968-38,
 Klaus Meier-Ude
Umschlag hinten: ISG FFM, S7C1998-3059,
 Landesbildstelle Hessen
S. 6: ISG FFM, S7Z Nr. 1967-21, Manfred A. Tripp / Archiv des Hamburger Instituts für Sozialforschung
S. 9: ISG FFM, S4c Nr. 525 (Objektfoto: Kristina Matron)
S. 11: F.X. Schmidt/Bormann (Objektfoto: Kristina Matron)
S. 14: S. 98: ISG FFM, S3/P Nr. 26212 & S4c Nr. 1495 (Objektfoto: Kristina Matron)
S. 16: ISG FFM, S7A Nr. 1998-36684, Klaus Meier Ude
S. 18: ISG FFM, S7FR Nr. 14379, Kurt Weiner
S. 21: ISG FFM, S7Z Nr. 1960-84, Kurt Weiner
S. 22: ISG FFM, S7Z Nr. 1965-112, Kurt Weiner
S. 23: ISG FFM, S7Z Nr. 1968-134, Herbert Mehrens
S. 24: ISG FFM, S7Z Nr. 1968-452, Kurt Weiner
S. 25: ISG FFM, S7Z Nr. 1965-279, Kurt Weiner
S. 26: ISG FFM, SD1 Nr. 142 (1/67), Achim Werm
S. 28: ISG FFM, S7Z Nr. 1968-623, Harald Meisert
S. 29: ISG FFM, S7A Nr. 1998-35303, Niko Dumkow
S. 30: ISG FFM, S7C Nr. 1998-37386, Klaus Meier-Ude
S. 32: ISG FFM, S7ZFR Nr. 2351, Fotograf*in unbekannt
S. 33: ISG FFM, S7ZFR Nr. 2346, Associated Press
S. 34: ISG FFM, S7FR Nr. 10040, The Roy Bernard Co.
S. 37: ISG FFM, S7C Nr. 1998-10259,
 Landesbildstelle Hessen
S. 38: ISG FFM, S14C Nr. 2011-346,
 Fotograf*in unbekannt
S. 39: ISG FFM, S7C Nr. 1998-57898, Klaus Meier-Ude
S. 40: ISG FFM, S14C Nr. 2011-374,
 Fotograf*in unbekannt
S. 41: ISG FFM, S7FR Nr. 2837, Kurt Weiner
S. 42: ISG FFM S8-SKR Nr. 9729/1960, Foto: Aero-Lux
S. 44: ISG FFM, S7FR Nr. 9685, Harald Meisert
S. 45: ISG FFM, S7FR Nr. 1438, Horst Winkler
S. 46: ISG FFM, S7Z Nr. 1965-320: Kurt Weiner
S. 48: ISG FFM, S7Z Nr. 1963-242, Kurt Weiner
S. 51: ISG FFM, S7C Nr. 1998-67461, Klaus Meier-Ude
S. 52: ISG FFM, S7C Nr. 1998-67535, Klaus Meier-Ude
S. 53: ISG FFM, S7C Nr. 1998-67752, Klaus Meier-Ude
S. 54: ISG FFM, S7FR Nr. 2967, Kurt Weiner
S. 56: ISG FFM, S9 Nr. 1968-2
 (Objektfoto: Kristina Matron)
S. 58: ISG FFM, S7C Nr. 1998-36983, Aero-Lux
S. 61: ISG FFM, S7C Nr. 1998-37018, Bauverwaltung FFM, Stadtplanungsamt
S. 62: ISG FFM, S14C Nr. 2011-399,
 Fotograf*in unbekannt
S. 63: ISG FFM, S7C Nr. 1998-37210, Klaus Meier-Ude
S. 64: ISG FFM, S7C Nr. 1998-37417,
 Walter Schröder-Kiewert
S. 65: ISG FFM, S7Z Nr. 1968-439, Tadeusz Dabrowski
S. 66: ISG FFM, ISG S7C Nr. 2008-438,
 Ursula Seitz-Gray
S. 68: ISG FFM, S7Wer Nr. 41-3, Inge Werth
S. 70: ISG FFM, S7Z Nr. 1967-186, Tadeusz Dabrowski
S. 71: ISG FFM, S9 Nr. 1967-85
S. 72: ISG FFM, S7ZFR Nr. 20136, Hessischer Rundfunk/ Kurt Bethke
S. 74: ISG FFM, S7FR Nr. 2363, Associated Press
S. 75: ISG FFM, S7FR Nr. 16675, Kurt Weiner
S. 76: ISG FFM, S7Bo Nr. 1165, Mickey Bohnacker
S. 78: ISG FFM, S7Wer Nr. 10-1, Inge Werth
S. 79: ISG FFM, S9 Nr. 1968-118, Günter Kieser
S. 80: ISG FFM, S7FR Nr. 16470, Associated Press
S. 81: ISG FFM, S7FR Nr. 16979, Fotograf*in unbekannt
S. 82: ISG FFM, S7Z Nr. 1963-191, Fotograf*in unbekannt
S. 84: ISG FFM, S7Z Nr. 1963-196, Kurt Weiner
S. 85: ISG FFM, S7FR Nr. 17150,
 United Press International
S. 86: ISG FFM, ISG S7Z Nr. 1963-411, Kurt Weiner
S. 88: ISG FFM, S7P Nr. 1998-679, Artmann
S. 89: ISG FFM, S7Z Nr. 1963-412, Associated Press
S. 90: ISG FFM, S7FR Nr. 5554,
 United Press International
S. 91: ISG FFM, S7Z Nr. 1964-272, Kurt Weiner
S. 92: ISG FFM, S7FR Nr. 5564, Associated Press
S. 94: ISG FFM, S7FR Nr. 1268, Kurt Weiner
S. 96: ISG FFM, S7Z Nr. 1964-128, Kurt Weiner
S. 97: ISG FFM, S7Z Nr. 1967-300, Manfred A. Tripp / Archiv des Hamburger Instituts für Sozialforschung
S. 98: ISG FFM, S3/P Nr. 26212
S. 99: ISG FFM, S7Z Nr. 1968-56, Klaus Meier-Ude
S. 100: ISG FFM, S7Z Nr. 1965-176, Manfred A. Tripp / Archiv des Hamburger Instituts für Sozialforschung

S. 102: ISG FFM, S7Z Nr. 1966-114, Manfred A. Tripp / Archiv des Hamburger Instituts für Sozialforschung
S. 103: ISG FFM, S9 Nr. 1968-47
S. 104: ISG FFM, S7Z Nr. 1969-492, Manfred A. Tripp / Archiv des Hamburger Instituts für Sozialforschung
S. 105: ISG FFM, S3/A Nr. 5977 (Objektfoto: Kristina Matron)
S. 106: ISG FFM, S7Z Nr. 1967-117, Manfred A. Tripp / Archiv des Hamburger Instituts für Sozialforschung
S. 108: ISG FFM, S7Z Nr. 1968-91, Manfred A. Tripp / Archiv des Hamburger Instituts für Sozialforschung
S. 109: ISG FFM, S9 Nr. 1968-48
S. 110: ISG FFM, S7FR Nr. 1862, Kurt Weiner
S. 112: ISG FFM, S7Z Nr. 1967-108, Manfred A. Tripp / Archiv des Hamburger Instituts für Sozialforschung
S. 113: ISG FFM, S7FR Nr. 3532, Horst Winkler
S. 114: ISG FFM, S7Z Nr. 1968-66, Klaus Meier-Ude
S. 115: ISG FFM, S7Z Nr. 1968-67, Klaus Meier-Ude
S. 116: ISG FFM, S9 Nr. 1968-44, Societäts-Druckerei
S. 119: ISG FFM, V112 Nr. 3
S. 120: ISG FFM, S7Z Nr. 1968-115, Hans Rempfer
S. 123: ISG FFM, S7Z Nr. 1968-101, Hans Rempfer
S. 124: ISG FFM, S7Wei Nr. 2030-29, Kurt Weiner
S. 125 oben: ISG FFM, S7Wer Nr. 23-1, Inge Werth
S. 125 unten: ISG FFM, S7Z Nr. 1968-501, Hans Rempfer
S. 126: ISG FFM, S7Z Nr. 1968-401, Jan Roewer
S. 127: ISG FFM, S7Z Nr. 1969-70, Tadeusz Dabrowski
S. 128: ISG FFM, S7Z Nr. 1968-513, Manfred A. Tripp / Archiv des Hamburger Instituts für Sozialforschung
S. 130: ISG FFM, S7C Nr. 1998-36761, Tadeusz Dabrowski
S. 131: ISG FFM, S14C Nr. 2011-570, Fotograf*in unbekannt
S. 132: ISG FFM, S7C Nr. 1998-36393, Fotograf*in unbekannt
S. 134: ISG FFM, S7FR Nr. 3089, Aero-Lux
S. 136: ISG FFM, S7FR Nr. 3464, Kurt Weiner
S. 137: ISG FFM, S7FR Nr. 3331, Kurt Weiner
S. 138: ISG FFM, S7FR Nr. 6164, Fotograf*in unbekannt
S. 140: ISG FFM, S7Hil Nr. 121, Gustav Hildebrand
S. 142: ISG FFM, S7Hil Nr. 131, Gustav Hildebrand
S. 143: ISG FFM, W3/190 Nr. 2 (Objektfoto: Kristina Matron)
S. 144: ISG FFM, S9 Nr. 1969-179, Messe- und Ausstellungs GmbH/Steffen
S. 146 : ISG FFM, S7Z Nr. 1963-451, Niko Dumkow
S. 147: Deutsches Sportmuseum
S. 148: ISG FFM, S7Z Nr. 1964 Nr. 68, Tadeusz Dabrowski
S. 157: ISG FFM, S4c Nr. 524 (Objektfoto: Kristina Matron)
S. 158: ISG FFM, W1-73 (Objektfoto: Kristina Matron)
S. 161: ISG FFM, SD1/142 & SD3/825 (Objektfoto: Kristina Matron)
S. 162: ISG FFM, S1-167 Nr. 168 (Objektfoto: Kristina Matron)
S. 165: ISG FFM, W1-14 Nr. 171 & W1-14 Nr. 180 (Objektfoto: Kristina Matron)
S. 168: ISG FFM, S1-167 Nr. 180 (Objektfoto: Kristina Matron)
S. 173: ISG FFM, S3/T Nr. 7096 (Objektfoto: Kristina Matron)
S. 174: ISG FFM, S4c Nr. 1361 & KS 2010/323 & KS 2010/326 (Objektfoto: Kristina Matron)
S. 179: ISG FFM, SD3/151B & SD3/151P (Objektfoto: Kristina Matron)
S. 180: ISG FFM, S4c Nr. 1495 (Objektfoto: Kristina Matron)

Alle Angaben zu den Bildrechten wurden mit größter Sorgfalt geprüft. Trotz intensiver Bemühungen war es nicht in allen Fällen möglich, die Rechteinhaber*innen der Abbildungen ausfindig zu machen. Berechtigte Ansprüche werden im Rahmen der üblichen Vereinbarungen abgegolten.

Impressum

Gesamtleitung

Dr. Evelyn Brockhoff, Leitende Direktorin des Instituts für Stadtgeschichte

Ausstellung
Bewegte Zeiten
Frankfurt in den 1960er Jahren

Eine Ausstellung des Instituts für Stadtgeschichte Frankfurt am Main
Karmeliterkloster, Münzgasse 9,
60311 Frankfurt am Main
www.stadtgeschichte-ffm.de

4. Februar bis 8. November 2020

Kurator

Dr. Markus Häfner

Ausstellungsgestaltung

Leffringhausen Grafik Design,
Frankfurt am Main

Druck

Types on Foil GmbH, Bad Homburg

Kleine Schriften des Instituts für Stadtgeschichte
Herausgegeben von Evelyn Brockhoff

Begleitband
Bewegte Zeiten
Frankfurt in den 1960er Jahren

Autor

Dr. Markus Häfner

Lektorat

Henrik Halbleib M.A., Frankfurt am Main

Gestaltung

Bruno Dorn, Societäts-Verlag, Frankfurt am Main

Druck und Verarbeitung

Print Consult GmbH, München
Printed in EU 2020

© Institut für Stadtgeschichte Frankfurt am Main 2020
Societäts-Verlag, Frankfurt am Main

Besuchen Sie uns im Internet: www.societaets-verlag.de

ISBN 978-3-95542-375-9

Alle Rechte vorbehalten.
Das Werk einschließlich seiner Teile ist urheberrechtlich geschützt. Jede Verwertung außerhalb der engen Grenzen des Urheberrechtes ist ohne Zustimmung des Verlags unzulässig und strafbar. Dies gilt insbesondere für Kopien, Einspeicherung und Verarbeitung in elektronischen Systemen.

INSTITUT FÜR STADTGESCHICHTE
IM KARMELITERKLOSTER
FRANKFURT AM MAIN

MUSEUMSUFERFRANKFURT

FSC MIX Papier aus verantwortungsvollen Quellen
FSC® C084279